The Dunwich Horror

Das Grauen von Dunwich

[Bilingual Edition]

English – German

by H. P. Lovecraft

Translated by Möwenstein

ISBN: 979-8-89513-062-9

Original text: *The Dunwich Horror* (1929) by H. P. Lovecraft (1890-1937)

This bilingual edition—including translation, editorial revisions, formatting, and supplementary content—is produced and edited by Mowenstein Books LLC, with the original text faithfully reproduced from public-domain sources.

While every effort has been made to ensure accuracy, minor discrepancies may occur. Readers are encouraged to consult the original text for reference.

Cover Art: Inspired by *Hustling Sunlight* by Matthew Bakkom (www.hustlingsunlight.xyz)

Möwenstein Books™ is a trademark of and imprint published by Mowenstein Books LLC.

For permissions or inquiries:

Website: mowenstein.com
Email: copyright@mowenstein.com

Mowenstein Books LLC
DE, USA

The Dunwich Horror

Der Dunwich Horror

1.1   "Gorgons, and Hydras, and Chimeras — dire stories of Celæno and the Harpies — may reproduce themselves in the brain of superstition — but they were there before.

"Gorgonen, Hydren und Chimären - düstere Geschichten von Celæno und den Harpyien - mögen sich im Gehirn des Aberglaubens reproduzieren, aber sie waren schon vorher da.

1.2   They are transcripts, types - the archetypes are in us,

Sie sind Abschriften, Typen - die Archetypen sind in uns,

1.3   and eternal.

und ewig.

1.4   How else should the recital of that which we know in a waking sense to be false come to affect us at all?

Wie sonst sollte die Erwähnung dessen, von dem wir im Wachzustand wissen, dass es falsch ist, uns überhaupt berühren?

Is it that we naturally conceive terror from such objects, considered in their capacity of being able to inflict upon us bodily injury?

1.5

Ist es so, dass wir von Natur aus Angst vor solchen Objekten haben, wenn man bedenkt, dass sie uns körperliche Verletzungen zufügen können?

Oh, least of all! These terrors are of older standing.

1.6

Oh, am allerwenigsten! Diese Schrecken sind von älterer Natur.

They date beyond body —

1.7

Sie gehen über den Körper hinaus - oder sie wären ohne den Körper dieselben gewesen ...Dass die hier behandelte Art von Furcht rein geistig ist —

or without the body,

1.8

dass sie in dem Maße stark ist,

they would have been the same ...That the kind of fear here treated is purely spiritual — that it is strong in proportion as it is objectless on earth,

1.9

wie sie auf der Erde objektlos ist,

that it predominates in the period of our sinless infancy —

1.10

dass sie in der Zeit unserer sündlosen Kindheit vorherrscht —

are difficulties the solution of which might afford some probable insight into our ante-mundane condition,

1.11

sind Schwierigkeiten,

2

1.12 and a peep at least into the shadowland of pre-existence."

deren Lösung einen wahrscheinlichen Einblick in unseren vorweltlichen Zustand und zumindest einen Blick in das Schattenland der Präexistenz gewähren könnte."

1.13 — Charles Lamb: Witches and Other Night-Fears.

— Charles Lamb: Hexen und andere Nachtängste.

— 1 —

4.1 When a traveler in north central Massachusetts takes the wrong fork at the junction of the Aylesbury pike just beyond Dean's Corners he comes upon a lonely and curious country.

Wenn ein Reisender im nördlichen Zentralmassachusetts an der Kreuzung der Aylesbury Pike kurz hinter Dean's Corners die falsche Abzweigung nimmt, kommt er in ein einsames und seltsames Land.

4.2 The ground gets higher, and the brier-bordered stone walls press closer and closer against the ruts of the dusty, curving road.

Der Boden wird höher, und die von Dornen gesäumten Steinmauern drücken sich immer enger an die Spurrillen der staubigen, kurvenreichen Straße.

The trees of the frequent forest belts seem too large, and the wild weeds, brambles, and grasses attain a luxuriance not often found in settled regions.

4.3

Die Bäume der häufigen Waldgürtel scheinen zu groß zu sein, und die wilden Unkräuter, Brombeeren und Gräser erreichen eine Üppigkeit, die man in besiedelten Gegenden nicht oft findet.

At the same time the planted fields appear singularly few and barren; while the sparsely scattered houses wear a surprizing uniform aspect of age, squalor, and dilapidation.

4.4

Gleichzeitig erscheinen die bepflanzten Felder ungewöhnlich spärlich und unfruchtbar, während die spärlich verstreuten Häuser ein erstaunlich einheitliches Bild von Alter, Elend und Verwahrlosung abgeben.

Without knowing why, one hesitates to ask directions from the gnarled, solitary figures spied now and then on crumbling doorsteps or in the sloping, rock-strewn meadows.

4.5

Ohne zu wissen, warum, zögert man, die knorrigen, einsamen Gestalten nach dem Weg zu fragen, die man hin und wieder auf den verfallenen Türschwellen oder in den abfallenden, mit Steinen übersäten Wiesen erblickt.

Those figures are so silent and furtive that one feels somehow confronted by forbidden things, with which it would be better to have nothing to do.

4.6

Diese Gestalten sind so schweigsam und verstohlen, dass man sich irgendwie mit verbotenen Dingen konfrontiert fühlt, mit denen man besser nichts zu tun haben sollte.

When a rise in the road brings the mountains in view above the deep woods,

4.7

Wenn die Straße ansteigt und die Berge über den tiefen Wäldern sichtbar werden,

4

4.8 **the feeling of strange uneasiness is increased.**
verstärkt sich das Gefühl eines seltsamen Unbehagens.

4.9 **The summits are too rounded and symmetrical to give a sense of comfort and naturalness, and sometimes the sky silhouettes with especial clearness the queer circles of tall stone pillars with which most of them are crowned.**
Die Gipfel sind zu rund und symmetrisch, um ein Gefühl von Behaglichkeit und Natürlichkeit zu vermitteln, und manchmal zeichnet der Himmel mit besonderer Deutlichkeit die seltsamen Kreise der hohen Steinsäulen nach, mit denen die meisten von ihnen gekrönt sind.

5.1 **Gorges and ravines of problematical depth intersect the way,**
Schluchten und Klammen von problematischer Tiefe kreuzen den Weg,

5.2 **and the crude wooden bridges always seem of dubious safety.**
und die kruden Holzbrücken scheinen immer von zweifelhafter Sicherheit zu sein.

5.3 **When the road dips again there are stretches of marshland that one instinctively dislikes, and indeed almost fears at evening when unseen whippoorwills chatter and the fireflies come out in abnormal profusion to dance to the raucous, creepily insistent rhythms of stridently piping bullfrogs.**
Wenn sich die Straße wieder senkt, gibt es Abschnitte mit Sumpfland, das man instinktiv nicht mag und am Abend sogar fast fürchtet, wenn unsichtbare Ziegenmelker schnattern und die Glühwürmchen in abnormaler Fülle herauskommen, um zu den lauten, unheimlich eindringlichen Rhythmen der schrill piepsenden Ochsenfrösche zu tanzen.

The thin, shining line of the Miskatonic's upper reaches has an oddly serpentlike suggestion as it winds close to the feet of the domed hills among which it rises.

5.4

Die dünne, glänzende Linie des Oberlaufs des Miskatonic hat eine seltsam schlangenartige Anmutung, wenn sie sich dicht an den Füßen der kuppelförmigen Hügel entlang windet, zwischen denen sie entspringt.

As the hills draw nearer,

6.1

Je näher die Hügel kommen,

one heeds their wooded sides more than their stone-crowned tops.

6.2

desto mehr achtet man auf ihre bewaldeten Flanken als auf ihre steinernen Kronen.

Those sides loom up so darkly and precipitously that one wishes they would keep their distance, but there is no road by which to escape them.

6.3

Sie ragen so dunkel und steil auf, dass man sich wünscht, sie würden Abstand halten, aber es gibt keine Straße, auf der man ihnen entkommen könnte.

Across a covered bridge one sees a small village huddled between the stream and the vertical slope of Round Mountain, and wonders at the cluster of rotting gambrel roofs bespeaking an earlier architectural period than that of the neighboring region.

6.4

Auf der anderen Seite einer überdachten Brücke sieht man ein kleines Dorf, das sich zwischen den Bach und den senkrechten Hang des Round Mountain schmiegt, und wundert sich über die Ansammlung von verrottenden Giebeldächern, die auf eine frühere architektonische Epoche als die der benachbarten Region hinweisen.

6.5 It is not reassuring to see, on a closer glance, that most of the houses are deserted and falling to ruin, and that the broken-steepled church now harbors the one slovenly mercantile establishment of the hamlet.

Bei näherem Hinsehen ist es nicht gerade beruhigend zu sehen, dass die meisten Häuser verlassen sind und verfallen, und dass die zerbrochene Kirche jetzt den einzigen schlampigen Handelsbetrieb des Weilers beherbergt.

6.6 One dreads to trust the tenebrous tunnel of the bridge, yet there is no way to avoid it.

Man traut dem düsteren Brückentunnel nicht so recht über den Weg, aber es gibt keine Möglichkeit, ihn zu umgehen.

6.7 Once across, it is hard to prevent the impression of a faint, malign odor about the village street, as of the massed mold and decay of centuries.

Hat man die Brücke einmal überquert, kann man sich des Eindrucks nicht erwehren, dass die Dorfstraße einen schwachen, üblen Geruch verströmt, der an den Schimmel und den Verfall von Jahrhunderten erinnert.

6.8 It is always a relief to get clear of the place, and to follow the narrow road around the base of the hills and across the level country beyond till it rejoins the Aylesbury pike.

Es ist immer eine Erleichterung, den Ort zu verlassen und der schmalen Straße um den Fuß der Hügel und über das flache Land dahinter zu folgen, bis sie wieder auf die Aylesbury Pike trifft.

6.9 Afterward one sometimes learns that one has been through Dunwich.

Hinterher erfährt man manchmal, dass man durch Dunwich gefahren ist.

Outsiders visit Dunwich as seldom as possible, and since a certain season of horror all the signboards pointing toward it have been taken down. 7.1

Außenstehende besuchen Dunwich so selten wie möglich, und seit einer bestimmten Zeit des Schreckens wurden alle Schilder, die darauf hinwiesen, abgenommen.

The scenery, judged by any ordinary esthetic canon, is more than commonly beautiful; 7.2

Die Landschaft ist, gemessen an jedem gewöhnlichen ästhetischen Kanon, mehr als gewöhnlich schön;

yet there is no influx of artists or summer tourists. 7.3

dennoch gibt es keinen Zustrom von Künstlern oder Sommertouristen.

Two centuries ago, when talk of witch-blood, Satan-worship, and strange forest presences was not laughed at, it was the custom to give reasons for avoiding the locality. 7.4

Vor zwei Jahrhunderten, als das Gerede über Hexenblut, Satansanbetung und seltsame Waldgeister noch nicht belächelt wurde, war es üblich, Gründe zu nennen, warum man den Ort meiden sollte.

In our sensible age - 7.5

In unserem sensiblen Zeitalter -

since the Dunwich horror of 1928 was hushed up by those who had the town's and the world's welfare at heart - 7.6

seit das Grauen von Dunwich 1928 von denen vertuscht wurde, denen das Wohl der Stadt und der Welt am Herzen lag -

people shun it without knowing exactly why. 7.7

meiden die Menschen den Ort, ohne genau zu wissen warum.

7.8 **Perhaps one reason -**
Vielleicht liegt ein Grund dafür -

7.9 **though it can not apply to uninformed strangers -**
auch wenn er nicht auf uninformierte Fremde zutreffen kann -

7.10 **is that the natives are now repellently decadent, having gone far along that path of retrogression so common in many New England backwaters.**
darin, dass die Einheimischen heute auf abstoßende Weise dekadent sind und den Weg des Rückschritts, der in vielen Hinterwäldlern Neuenglands üblich ist, weit hinter sich gelassen haben.

7.11 **They have come to form a race by themselves,**
Sie haben sich zu einer eigenen Rasse entwickelt,

7.12 **with the well-defined mental and physical stigmata of degeneracy and inbreeding.**
mit den ausgeprägten geistigen und körperlichen Stigmata von Degeneration und Inzucht.

7.13 **The average of their intelligence is wofully low, whilst their annals reek of overt viciousness and of half-hidden murders, incests, and deeds of almost unnamable violence and perversity.**
Der Durchschnitt ihrer Intelligenz ist erschreckend niedrig, während ihre Geschichte von offener Bösartigkeit und halb verborgenen Morden, Inzest und Taten von fast unaussprechlicher Gewalt und Perversität zeugt.

7.14 **The old gentry, representing the two or three armigerous families which came from Salem in 1692, have kept somewhat above the general level of decay;**
Der alte Adel, der die zwei oder drei rüstigen Familien repräsentiert, die 1692 aus Salem kamen, hat sich etwas über dem allgemeinen Niveau des Verfalls gehalten;

though many branches are sunk into the sordid
populace so deeply that only their names remain
as a key to the origin they disgrace.

7.15

allerdings sind viele Zweige so tief in der schmutzigen
Bevölkerung versunken, dass nur ihre Namen als Schlüssel
zu der Herkunft bleiben, die sie entehrt.

Some of the Whateleys and Bishops still send their
eldest sons to Harvard and Miskatonic, though those
sons seldom return to the moldering gambrel roofs
under which they and their ancestors were born.

7.16

Einige der Whateleys und Bishops schicken ihre ältesten
Söhne noch immer nach Harvard und Miskatonic, obwohl
diese Söhne nur selten in die verfallenden Giebeldächer
zurückkehren, unter denen sie und ihre Vorfahren geboren
wurden.

No one, even those who have the facts concerning the
recent horror, can say just what is the matter with
Dunwich;

8.1

Niemand, auch nicht diejenigen, die über die Fakten des
jüngsten Schreckens Bescheid wissen, kann genau sagen,
was mit Dunwich los ist;

though old legends speak of unhallowed rites and
conclaves of the Indians, amidst which they called
forbidden shapes of shadow out of the great rounded
hills, and made wild orgiastic prayers that were
answered by loud crackings and rumblings from the
ground below.

8.2

obwohl alte Legenden von unheiligen Riten und
Konklaven der Indianer sprechen, bei denen sie verbotene
Schattengestalten aus den großen runden Hügeln riefen
und wilde orgiastische Gebete sprachen, die durch lautes
Knacken und Grollen aus dem Boden beantwortet wurden.

8.3 In 1747 the Reverend Abijah Hoadley, newly come to the Congregational Church at Dunwich Village, preached a memorable sermon on the close presence of Satan and his imps, in which he said:

Im Jahr 1747 hielt Reverend Abijah Hoadley, der neu an die Kongregationskirche in Dunwich Village gekommen war, eine denkwürdige Predigt über die unmittelbare Anwesenheit Satans und seiner Kobolde, in der er sagte

9.1 It must be allow'd that these Blasphemies of an infernall Train of Dæmons are Matters of too common Knowledge to be deny'd;

Es muss zugegeben werden, dass diese Lästerungen eines höllischen Zuges von Dämonen zu allgemein bekannt sind, als dass sie geleugnet werden könnten;

9.2 the cursed Voices of Azazel and Buzrael, of Beelzebub and Belial, being heard from under Ground by above a Score of credible Witnesses now living.

die verfluchten Stimmen von Azazel und Buzrael, von Beelzebub und Belial, wurden von mehr als einem Dutzend glaubwürdiger Zeugen, die noch leben, aus dem Untergrund gehört.

I myself did not more than a Fortnight ago catch 9.3
a very plain Discourse of evill Powers in the Hill
behind my House; wherein there were a Rattling
and Rolling, Groaning, Screeching, and Hissing,
such as no Things of this Earth cou'd raise up, and
which must needs have come from those Caves that
only black Magick can discover, and only the Divell
unlock.

Ich selbst habe vor nicht mehr als vierzehn Tagen auf dem
Hügel hinter meinem Haus einen sehr deutlichen Diskurs
böser Mächte mitbekommen, in dem ein Klappern und
Rollen, ein Stöhnen, Kreischen und Zischen zu hören war,
wie es kein Ding auf dieser Erde hervorbringen kann, und
das aus jenen Höhlen kommen muss, die nur schwarze
Magie entdecken und nur der Divell aufschließen kann.

Mr. Hoadley disappeared soon after delivering this 10.1
sermon; but the text, printed in Springfield, is still
extant.

Herr Hoadley verschwand bald nach dieser Predigt, aber
der Text, der in Springfield gedruckt wurde, ist noch
erhalten.

Noises in the hills continued to be reported from 10.2
year to year, and still form a puzzle to geologists and
physiographers.

Die Geräusche in den Hügeln wurden weiterhin von Jahr
zu Jahr gemeldet und geben Geologen und Physiologen
noch immer Rätsel auf.

11.1 Other traditions tell of foul odors near the hill-crowning circles of stone pillars, and of rushing airy presences to be heard faintly at certain hours from stated points at the bottom of the great ravines;

Andere Überlieferungen berichten von üblen Gerüchen in der Nähe der Kreise von Steinsäulen, die den Hügel krönen, und von rauschenden, luftigen Erscheinungen, die zu bestimmten Stunden von bestimmten Punkten am Fuße der großen Schluchten zu hören sind;

11.2 while still others try to explain the Devil's Hop Yard -

wieder andere versuchen, den Hopfengarten des Teufels zu erklären -

11.3 a bleak, blasted hillside where no tree, shrub, or grass-blade will grow.

einen kahlen, gesprengten Abhang, auf dem kein Baum, Strauch oder Grashalm wächst.

11.4 Then, too, the natives are mortally afraid of the numerous whippoorwills which grow vocal on warm nights.

Außerdem haben die Einheimischen tödliche Angst vor den zahlreichen Ziegenmelkern, die in warmen Nächten lautstark auftreten.

11.5 It is vowed that the birds are psychopomps lying in wait for the souls of the dying, and that they time their eery cries in unison with the sufferer's struggling breath.

Man schwört, dass diese Vögel Psychopathen sind, die den Seelen der Sterbenden auflauern, und dass sie ihre schaurigen Schreie im Einklang mit dem strampelnden Atem des Leidenden anstimmen.

If they can catch the fleeing soul when it leaves the body, they instantly flutter away chittering in demoniac laughter; 11.6

Gelingt es ihnen, die fliehende Seele beim Verlassen des Körpers zu erwischen, flattern sie sofort unter dämonischem Gelächter davon;

but if they fail, 11.7

gelingt ihnen das nicht,

they subside gradually into a disappointed silence. 11.8

verfallen sie allmählich in ein enttäuschtes Schweigen.

These tales, of course, are obsolete and ridiculous; because they come down from very old times. 12.1

Diese Erzählungen sind natürlich veraltet und lächerlich, denn sie stammen aus sehr alten Zeiten.

Dunwich is indeed ridiculously old - 12.2

Dunwich ist in der Tat lächerlich alt -

older by far than any of the communities within thirty miles of it. 12.3

bei weitem älter als alle anderen Gemeinden im Umkreis von dreißig Meilen.

South of the village one may still spy the cellar walls and chimney of the ancient Bishop house, which was built before 1700; whilst the ruins of the mill at the falls, built in 1806, form the most modern piece of architecture to be seen. 12.4

Südlich des Dorfes kann man noch die Kellerwände und den Schornstein des alten Bischofshauses sehen, das vor 1700 erbaut wurde, während die Ruinen der Mühle am Wasserfall, die 1806 erbaut wurde, das modernste Bauwerk ist, das man sehen kann.

12.5   Industry did not flourish here,
Die Industrie blühte hier nicht,

12.6   and the Nineteenth Century factory movement
proved short-lived.
und die Fabrikbewegung des neunzehnten Jahrhunderts
erwies sich als kurzlebig.

12.7   Oldest of all are the great rings of rough-hewn stone
columns on the hilltops,
Am ältesten sind die großen Ringe aus grob behauenen
Steinsäulen auf den Hügeln,

12.8   but these are more generally attributed to the Indians
than to the settlers.
die jedoch eher den Indianern als den Siedlern
zugeschrieben werden.

12.9   Deposits of skulls and bones, found within these
circles and around the sizable table-like rock on
Sentinel Hill, sustain the popular belief that such
spots were once the burial-places of the Pocumtucks;
Ablagerungen von Schädeln und Knochen, die innerhalb
dieser Kreise und rund um den großen tischartigen Felsen
auf dem Sentinel Hill gefunden wurden, stützen den
Volksglauben, dass diese Stellen einst die Begräbnisstätten
der Pocumtucks waren;

12.10 even though many ethnologists, disregarding the
absurd improbability of such a theory, persist in
believing the remains Caucasian.
auch wenn viele Ethnologen, ungeachtet der absurden
Unwahrscheinlichkeit einer solchen Theorie, darauf
beharren, die Überreste für kaukasisch zu halten.

— 2 —

It was in the township of Dunwich, in a large and partly inhabited farmhouse set against a hillside four miles from the village and a mile and a half from any other dwelling, that Wilbur Whateley was born at 5 a. m. on Sunday, the second of February, 1913.

14.1

In der Gemeinde Dunwich wurde Wilbur Whateley am Sonntag, dem zweiten Februar 1913, um 5 Uhr morgens in einem großen, teilweise bewohnten Bauernhaus geboren, das vier Meilen vom Dorf und anderthalb Meilen von jeder anderen Behausung entfernt an einem Hang liegt.

This date was recalled because it was Candlemas, which people in Dunwich curiously observe under another name; and because the noises in the hills had sounded, and all the dogs of the countryside had barked persistently, throughout the night before.

14.2

Man erinnerte sich an dieses Datum, weil es Lichtmess war, das in Dunwich seltsamerweise unter einem anderen Namen begangen wird, und weil in der Nacht zuvor in den Hügeln Geräusche zu hören waren und alle Hunde auf dem Lande unablässig gebellt hatten.

Less worthy of notice was the fact that the mother was one of the decadent Whateleys, a somewhat deformed, unattractive albino woman of 35, living with an aged and half-insane father about whom the most frightful tales of wizardry had been whispered in his youth.

14.3

Weniger erwähnenswert war die Tatsache, dass die Mutter eine der dekadenten Whateleys war, eine etwas deformierte, unattraktive Albino-Frau von 35 Jahren, die mit einem alten und halb wahnsinnigen Vater zusammenlebte, über den in seiner Jugend die schrecklichsten Geschichten über Zauberei geflüstert worden waren.

14.4 Lavinia Whateley had no known husband, but according to the custom of the region made no attempt to disavow the child;

Lavinia Whateley hatte keinen bekannten Ehemann, machte aber nach den Gepflogenheiten der Region keine Anstalten, das Kind zu verleugnen;

14.5 concerning the other side of whose ancestry the country folk might — and did — speculate as widely as they chose.

über die andere Seite seiner Abstammung konnten die Landbewohner spekulieren, so viel sie wollten - und taten es auch.

14.6 On the contrary, she seemed strangely proud of the dark, goatish-looking infant who formed such a contrast to her own sickly and pink-eyed albinism, and was heard to mutter many curious prophecies about its unusual powers and tremendous future.

Im Gegenteil, sie schien seltsam stolz auf den dunklen, ziegenartigen Säugling zu sein, der einen solchen Kontrast zu ihrem eigenen kränklichen und rosaäugigen Albinismus bildete, und man hörte sie viele seltsame Prophezeiungen über seine ungewöhnlichen Kräfte und seine gewaltige Zukunft murmeln.

Lavinia was one who would be apt to mutter
such things, for she was a lone creature given to
wandering amidst thunderstorms in the hills and
trying to read the great odorous books which her
father had inherited through two centuries of
Whateleys, and which were fast falling to pieces
with age and worm-holes.

15.1

Lavinia war eine, die dazu neigte, solche Dinge zu
murmeln, denn sie war ein einsames Geschöpf, das gerne
inmitten von Gewittern in den Hügeln umherwanderte
und versuchte, die großen duftenden Bücher zu lesen, die
ihr Vater durch zwei Jahrhunderte Whateleys geerbt hatte
und die durch Alter und Wurmlöcher schnell zerfielen.

She had never been to school, but was filled with
disjointed scraps of ancient lore that Old Whateley
had taught her.

15.2

Sie war nie zur Schule gegangen, aber sie war voll von
unzusammenhängenden Fetzen alter Überlieferungen, die
der alte Whateley ihr beigebracht hatte.

The remote farmhouse had always been feared
because of Old Whateley's reputation for black
magic, and the unexplained death by violence of
Mrs. Whateley when Lavinia was twelve years old
had not helped to make the place popular.

15.3

Das abgelegene Bauernhaus war schon immer gefürchtet
gewesen, weil Old Whateley im Ruf stand, schwarze Magie
zu praktizieren, und der ungeklärte gewaltsame Tod von
Mrs. Whateley, als Lavinia zwölf Jahre alt war, hatte nicht
dazu beigetragen, den Ort populär zu machen.

Isolated among strange influences, Lavinia was
fond of wild and grandiose daydreams and singular
occupations;

15.4

Isoliert von fremden Einflüssen hatte Lavinia eine Vorliebe
für wilde und grandiose Tagträume und ungewöhnliche
Beschäftigungen;

15.5 nor was her leisure much taken up by household cares in a home from which all standards of order and cleanliness had long since disappeared.

auch ihre Freizeit wurde kaum von den häuslichen Pflichten in einem Haus in Anspruch genommen, in dem schon lange keine Ordnung und Sauberkeit mehr herrschte.

16.1 There was a hideous screaming which echoed above even the hill noises and the dogs' barking on the night Wilbur was born, but no known doctor or midwife presided at his coming.

In der Nacht, in der Wilbur geboren wurde, ertönte ein grässlicher Schrei, der sogar die Geräusche der Hügel und das Bellen der Hunde übertönte, aber kein bekannter Arzt oder eine Hebamme war bei der Geburt anwesend.

16.2 Neighbors knew nothing of him till a week afterward,

Die Nachbarn wussten nichts von ihm,

16.3 when Old Whateley drove his sleigh through the snow into Dunwich Village and discoursed incoherently to the group of loungers at Osborn's general store.

bis eine Woche später der alte Whateley mit seinem Schlitten durch den Schnee nach Dunwich Village fuhr und unzusammenhängend zu der Gruppe von Faulenzern in Osborns Gemischtwarenladen redete.

16.4 There seemed to be a change in the old man -

Der alte Mann schien sich verändert zu haben -

an added element of furtiveness in the clouded brain which subtly transformed him from an object to a subject of fear -   16.5

ein zusätzliches Element der Verstohlenheit in seinem vernebelten Gehirn, das ihn auf subtile Weise von einem Objekt in ein Subjekt der Angst verwandelte -

though he was not one to be perturbed by any common family event.   16.6

obwohl er keiner war, der sich von einem gewöhnlichen Familienereignis beunruhigen ließ.

Amidst it all he showed some trace of the pride later noticed in his daughter, and what he said of the child's paternity was remembered by many of his hearers years afterward.   16.7

Inmitten all dessen zeigte er eine Spur des Stolzes, den man später bei seiner Tochter bemerkte, und was er über die Vaterschaft des Kindes sagte, blieb vielen seiner Zuhörer noch Jahre später in Erinnerung.

"I dun't keer what folks think -   17.1

"Es ist mir egal, was die Leute denken -

ef Lavinny's boy looked like his pa, he wouldn't look like nothin' ye expeck.   17.2

wenn Lavinnys Junge wie sein Vater aussähe, würde er nicht so aussehen, wie ihr es euch vorstellt.

Ye needn't think the only folks is the folks hereabouts.   17.3

Ihr müsst nicht denken, dass die Leute hier die einzigen sind.

Lavinny's read some,   17.4

Lavinny hat ein bisschen gelesen und ein paar Dinge gesehen,

17.5 an' has seed some things the most o' ye only tell abaout.

von denen die meisten von euch nur erzählen.

17.6 I calc'late her man is as good a husban' as ye kin find this side of Aylesbury;

Ich glaube, ihr Mann ist der beste Ehemann, den ihr diesseits von Aylesbury finden könnt;

17.7 an' ef ye knowed as much abaout the hills as I dew,

und wenn ihr so viel von den Hügeln wüsstet wie ich,

17.8 ye wouldn't ast no better church weddin' nor her'n.

würdet ihr keine bessere kirchliche Trauung finden als sie.

17.9 Let me tell ye suthin' -

Lasst mich euch eines sagen -

17.10 some day yew folks'll hear a child o' Lavinny's a-callin' its father's name on the top o' Sentinel Hill!"

eines Tages werdet ihr hören, wie ein Kind von Lavinny auf dem Gipfel des Sentinel Hill den Namen seines Vaters ruft!"

18.1 The only persons who saw Wilbur during the first month of his life were old Zechariah Whateley, of the undecayed Whateleys, and Earl Sawyer's common-law wife, Mamie Bishop.

Die einzigen Personen, die Wilbur im ersten Monat seines Lebens zu Gesicht bekamen, waren der alte Zechariah Whateley von den unverdorbenen Whateleys und Mamie Bishop, die Lebensgefährtin von Earl Sawyer.

18.2 Mamie's visit was frankly one of curiosity,

Mamies Besuch war eine reine Neugierde,

and her subsequent tales did justice to her observations;

18.3

und ihre späteren Erzählungen wurden ihren Beobachtungen gerecht;

but Zechariah came to lead a pair of Alderney cows which Old Whateley had bought of his son Curtis.

18.4

Zechariah aber kam, um ein Paar Alderney-Kühe zu führen, die der alte Whateley von seinem Sohn Curtis gekauft hatte.

This marked the beginning of a course of cattle-buying on the part of small Wilbur's family which ended only in 1928, when the Dunwich horror came and went;

18.5

Dies markierte den Beginn einer Reihe von Viehkäufen seitens der kleinen Familie Wilbur, die erst 1928 endete, als der Dunwich-Horror kam und ging;

yet at no time did the ramshackle Whateley barn seem over-crowded with livestock.

18.6

dennoch schien die baufällige Whateley-Scheune zu keiner Zeit mit Vieh überfüllt zu sein.

There came a period when people were curious enough to steal up and count the herd that grazed precariously on the steep hillside above the old farmhouse, and they could never find more than ten or twelve anemic, bloodless-looking specimens.

18.7

Es gab eine Zeit, in der die Leute neugierig genug waren, um sich hinaufzustehlen und die Herde zu zählen, die auf dem steilen Hang oberhalb des alten Bauernhofs bedenklich graste, und sie konnten nie mehr als zehn oder zwölf blutleere Exemplare finden.

18.8 Evidently some blight or distemper, perhaps sprung from the unwholesome pasturage or the diseased fungi and timbers of the filthy barn, caused a heavy mortality amongst the Whateley animals.

Offensichtlich verursachte irgendeine Krankheit oder Staupe, die vielleicht von der ungesunden Weide oder den kranken Pilzen und Hölzern der schmutzigen Scheune herrührte, eine hohe Sterblichkeit unter den Tieren von Whateley.

18.9 Odd wounds or sores, having something of the aspect of incisions, seemed to afflict the visible cattle; and once or twice during the earlier months certain callers fancied they could discern similar sores about the throats of the gray, unshaven old man and his slatternly, crinkly-haired albino daughter.

Das sichtbare Vieh schien von seltsamen Wunden oder Geschwüren heimgesucht zu werden, die wie Einschnitte aussahen, und ein - oder zweimal in den vergangenen Monaten glaubten einige Besucher, ähnliche Wunden am Hals des grauen, unrasierten alten Mannes und seiner schlacksigen, kraushaarigen Albinotochter zu erkennen.

19.1 In the spring after Wilbur's birth Lavinia resumed her customary rambles in the hills, bearing in her misproportioned arms the swarthy child.

Im Frühjahr nach Wilburs Geburt nahm Lavinia ihre gewohnten Wanderungen in den Hügeln wieder auf und trug das dunkelhäutige Kind in ihren unproportionierten Armen.

Public interest in the Whateleys subsided after most 19.2
of the country folk had seen the baby, and no one
bothered to comment on the swift development
which that newcomer seemed every day to exhibit.
Das öffentliche Interesse an den Whateleys ebbte ab,
nachdem die meisten Landbewohner das Baby gesehen
hatten, und niemand machte sich die Mühe, die rasche
Entwicklung zu kommentieren, die der Neuankömmling
jeden Tag zu zeigen schien.

Wilbur's growth was indeed phenomenal, for within 19.3
three months of his birth he had attained a size and
muscular power not usually found in infants under a
full year of age.
Wilburs Wachstum war in der Tat phänomenal, denn
innerhalb von drei Monaten nach seiner Geburt hatte
er eine Größe und Muskelkraft erreicht, die man bei
Säuglingen unter einem Jahr normalerweise nicht findet.

His motions and even his vocal sounds showed a 19.4
restraint and deliberateness highly peculiar in an
infant, and no one was really unprepared when, at
seven months, he began to walk unassisted, with
falterings which another month was sufficient to
remove.
Seine Bewegungen und sogar seine Laute zeigten eine
Zurückhaltung und Bedächtigkeit, die für einen Säugling
höchst ungewöhnlich war, und niemand war wirklich
unvorbereitet, als er mit sieben Monaten ohne Hilfe zu
laufen begann, mit Schwankungen, die ein weiterer Monat
ausreichen würde, um sie zu beseitigen.

It was somewhat after this time - on Hallowe'en - 20.1
Etwas nach dieser Zeit - an Halloween -

20.2 that a great blaze was seen at midnight on the top of
Sentinel Hill where the old table-like stone stands
amidst its tumulus of ancient bones.

wurde um Mitternacht ein großes Feuer auf dem Gipfel
des Sentinel Hill gesehen, wo der alte tischähnliche Stein
inmitten seines Tumulus aus alten Knochen steht.

20.3 Considerable talk was started when Silas Bishop -

Es wurde viel darüber gesprochen, als Silas Bishop -

20.4 of the undecayed Bishops -

einer der noch nicht verstorbenen Bishops -

20.5 mentioned having seen the boy running sturdily up
that hill ahead of his mother about an hour before the
blaze was remarked.

erwähnte, dass er den Jungen gesehen hatte, der etwa eine
Stunde, bevor der Brand bemerkt wurde, vor seiner Mutter
den Hügel hinauflief.

20.6 Silas was rounding up a stray heifer, but he nearly
forgot his mission when he fleetingly spied the two
figures in the dim light of his lantern.

Silas war gerade dabei, eine verirrte Färse
zusammenzutreiben, aber er vergaß fast seinen Auftrag,
als er die beiden Gestalten im schwachen Licht seiner
Laterne erblickte.

20.7 They darted almost noiselessly through the
underbrush, and the astonished watcher seemed
to think they were entirely unclothed.

Sie huschten fast geräuschlos durch das Unterholz, und
der erstaunte Beobachter schien zu glauben, dass sie völlig
unbekleidet waren.

Afterward he could not be sure about the boy, who may have had some kind of a fringed belt and a pair of dark blue trunks or trousers on.

20.8

Im Nachhinein konnte er sich nicht mehr sicher sein, ob es sich um den Jungen handelte, der vielleicht eine Art Fransengürtel und eine dunkelblaue Hose trug.

Wilbur was never subsequently seen alive and conscious without complete and tightly buttoned attire,

20.9

Wilbur wurde in der Folgezeit nie mehr lebend und bei Bewusstsein ohne vollständige und fest zugeknöpfte Kleidung gesehen,

the disarrangement or threatened disarrangement of which always seemed to fill him with anger and alarm.

20.10

deren Unordnung oder drohende Unordnung ihn stets mit Zorn und Sorge zu erfüllen schien.

His contrast with his squalid mother and grandfather in this respect was thought very notable until the horror of 1928 suggested the most valid of reasons.

20.11

Dass er sich in dieser Hinsicht von seiner verwahrlosten Mutter und seinem Großvater unterschied, wurde als sehr bemerkenswert empfunden, bis der Schrecken des Jahres 1928 die stichhaltigsten Gründe dafür lieferte.

The next January gossips were mildly interested in the fact that

21.1

Im darauffolgenden Januar interessierten sich die Klatschbasen nur wenig für die Tatsache, dass

"Lavinny's black brat" had commenced to talk,

21.2

"Lavinnys schwarzes Balg" zu sprechen begonnen hatte,

21.3　and at the age of only eleven months.

und das im Alter von nur elf Monaten.

21.4　His speech was somewhat remarkable both because of its difference from the ordinary accents of the region, and because it displayed a freedom from infantile lisping of which many children of three or four might well be proud.

Seine Sprache war bemerkenswert, weil sie sich von den üblichen Akzenten der Region unterschied und weil sie kein kindliches Lispeln aufwies, auf das viele drei - oder vierjährige Kinder stolz sein könnten.

21.5　The boy was not talkative, yet when he spoke he seemed to reflect some elusive element wholly unpossessed by Dunwich and its denizens.

Der Junge war nicht gesprächig, doch wenn er sprach, schien er ein schwer fassbares Element widerzuspiegeln, das Dunwich und seinen Bewohnern gänzlich fremd war.

21.6　The strangeness did not reside in what he said, or even in the simple idioms he used; but seemed vaguely linked with his intonation or with the internal organs that produced the spoken sounds.

Das Fremde lag nicht in dem, was er sagte, oder gar in den einfachen Redewendungen, die er benutzte, sondern schien vage mit seiner Intonation oder mit den inneren Organen verbunden zu sein, die die gesprochenen Laute erzeugten.

21.7　His facial aspect, too, was remarkable for its maturity;

Auch sein Gesicht war von bemerkenswerter Reife;

for though he shared his mother's and grandfather's chinlessness, his firm and precociously shaped nose united with the expression on his large, dark, almost Latin eyes to give him an air of quasi-adulthood and well-nigh preternatural intelligence.

21.8

denn obwohl er die Kinnlosigkeit seiner Mutter und seines Großvaters teilte, vereinte sich seine feste und früh geformte Nase mit dem Ausdruck seiner großen, dunklen, fast lateinischen Augen und verlieh ihm eine Ausstrahlung von Quasi-Erwachsenheit und fast übernatürlicher Intelligenz.

He was, however, exceedingly ugly despite his appearance of brilliancy;

21.9

Trotz seines strahlenden Aussehens war er jedoch außerordentlich hässlich;

there being something almost goatish or animalistic about his thick lips, large-pored, yellowish skin, coarse crinkly hair, and oddly elongated ears.

21.10

seine dicken Lippen, seine großporige, gelbliche Haut, sein grobes, krauses Haar und seine seltsam verlängerten Ohren hatten etwas fast Ziegenhaftes oder Animalisches.

He was soon disliked even more decidedly than his mother and grandsire, and all conjectures about him were spiced with references to the bygone magic of Old Whateley, and how the hills once shook when he shrieked the dreadful name of Yog-Sothoth in the midst of a circle of stones with a great book open in his arms before him.

21.11

Schon bald war er noch unbeliebter als seine Mutter und sein Großvater, und alle Mutmaßungen über ihn waren gewürzt mit Hinweisen auf die vergangene Magie von Old Whateley und darauf, wie die Hügel einst bebten, als er inmitten eines Steinkreises mit einem großen aufgeschlagenen Buch im Arm den schrecklichen Namen Yog-Sothoth schrie.

21.12 **Dogs abhorred the boy, and he was always obliged to take various defensive measures against their barking menace.**

Hunde verabscheute der Junge, und er war stets gezwungen, verschiedene Abwehrmaßnahmen gegen ihre bellende Bedrohung zu ergreifen.

— **3** —

23.1 **Meanwhile Old Whateley continued to buy cattle without measurably increasing the size of his herd.**

In der Zwischenzeit kaufte Old Whateley weiterhin Vieh, ohne die Größe seiner Herde nennenswert zu erhöhen.

23.2 **He also cut timber and began to repair the unused parts of his house -**

Er schlug auch Holz und begann, die unbenutzten Teile seines Hauses zu reparieren -

23.3 **a spacious, peaked-roofed affair whose rear end was buried entirely in the rocky hillside, and whose three least-ruined ground-floor rooms had always been sufficient for himself and his daughter.**

ein geräumiges Haus mit Spitzdach, dessen hinteres Ende vollständig in den felsigen Abhang eingegraben war und dessen drei am wenigsten zerstörte Zimmer im Erdgeschoss immer für ihn und seine Tochter ausgereicht hatten.

There must have been prodigious reserves of strength in the old man to enable him to accomplish so much hard labor; and though he still babbled dementedly at times, his carpentry seemed to show the effects of sound calculation. 23.4

Der alte Mann musste über ungeheure Kraftreserven verfügen, um so viel harte Arbeit leisten zu können, und obwohl er manchmal immer noch dement vor sich hin brabbelte, schienen seine Zimmermannsarbeiten die Auswirkungen einer gesunden Berechnung zu zeigen.

It had really begun as soon as Wilbur was born, when one of the many tool-sheds had been put suddenly in order, clapboarded, and fitted with a stout fresh lock. 23.5

Es hatte eigentlich gleich nach Wilburs Geburt begonnen, als einer der vielen Geräteschuppen plötzlich in Ordnung gebracht, mit Schindeln verkleidet und mit einem neuen, robusten Schloss versehen worden war.

Now, in restoring the abandoned upper story of the house, he was a no less thorough craftsman. 23.6

Jetzt, bei der Restaurierung des verlassenen Obergeschosses des Hauses, war er ein nicht weniger gründlicher Handwerker.

His mania showed itself only in his tight boarding-up of all the windows in the reclaimed section - 23.7

Seine Manie zeigte sich nur darin, dass er alle Fenster im renovierten Teil mit Brettern vernagelte -

though many declared that it was a crazy thing to bother with the reclamation at all. 23.8

obwohl viele erklärten, es sei verrückt, sich überhaupt mit der Renovierung zu befassen.

23.9 Less inexplicable was his fitting-up of another downstairs room for his new grandson -

Weniger unerklärlich war, dass er im Erdgeschoss ein weiteres Zimmer für seinen neuen Enkel einrichtete -

23.10 a room which several callers saw, though no one was ever admitted to the closely-boarded upper story.

ein Zimmer, das mehrere Besucher sahen, obwohl niemand jemals in das eng verbretterte Obergeschoss eingelassen wurde.

23.11 This chamber he lined with tall, firm shelving; along which he began gradually to arrange, in apparently careful order, all the rotting ancient books and parts of books which during his own day had been heaped promiscuously in odd corners of the various rooms.

Dieses Zimmer kleidete er mit hohen, festen Regalen aus, auf denen er nach und nach all die verrottenden alten Bücher und Teile von Büchern in scheinbar sorgfältiger Ordnung anordnete, die zu seiner Zeit in den verschiedenen Zimmern in seltsamen Ecken wild durcheinander gehäuft worden waren.

24.1 "I made some use of 'em," he would say as he tried to mend a torn black-letter page with paste prepared on the rusty kitchen stove, "but the boy's fitten to make better use of 'em.

"Ich habe sie gut gebrauchen können", sagte er, während er versuchte, eine zerrissene Seite mit schwarzen Buchstaben mit Kleister zu flicken, den er auf dem rostigen Küchenherd zubereitet hatte, "aber der Junge wird sie besser gebrauchen können.

24.2 He'd orter hev 'em as well sot as he kin for they're goin' to be all of his larnin'."

Es wäre besser, wenn er sie so gut wie möglich versenkt, denn sie werden alles sein, was er lernen wird."

When Wilbur was a year and seven months old - 25.1
Als Wilbur ein Jahr und sieben Monate alt war -

in September of 1914 - 25.2
im September 1914 -

his size and accomplishments were almost alarming. 25.3
waren seine Größe und seine Leistungen geradezu
beängstigend.

He had grown as large as a child of four, and was a 25.4
fluent and incredibly intelligent talker.
Er war so groß geworden wie ein vierjähriges Kind und
konnte fließend und unglaublich intelligent sprechen.

He ran freely about the fields and hills, and 25.5
accompanied his mother on all her wanderings.
Er lief frei auf den Feldern und Hügeln herum und
begleitete seine Mutter auf allen ihren Wanderungen.

At home he would pore diligently over the queer 25.6
pictures and charts in his grandfather's books, while
Old Whateley would instruct and catechize him
through long, hushed afternoons.
Zu Hause brütete er eifrig über den seltsamen Bildern
und Tabellen in den Büchern seines Großvaters, während
der alte Whateley ihn an langen, stillen Nachmittagen
unterrichtete und katechisierte.

By this time the restoration of the house was finished, 25.7
and those who watched it wondered why one of the
upper windows had been made into a solid plank
door.
Zu dieser Zeit war die Restaurierung des Hauses
abgeschlossen, und wer sie beobachtete, wunderte
sich, warum aus einem der oberen Fenster eine massive
Brettertür gemacht worden war.

25.8 It was a window in the rear of the east gable end, close against the hill; and no one could imagine why a cleated wooden runway was built up to it from the ground.

Es handelte sich um ein Fenster an der Rückseite der östlichen Giebelseite, das dicht an den Hügel grenzte, und niemand konnte sich vorstellen, warum eine hölzerne Stollenbahn vom Boden bis dorthin gebaut worden war.

25.9 About the period of this work's completion people noticed that the old tool-house, tightly locked and windowlessly clapboarded since Wilbur's birth, had been abandoned again.

Ungefähr zu der Zeit, als diese Arbeiten abgeschlossen wurden, bemerkten die Leute, dass das alte Gerätehaus, das seit Wilburs Geburt fest verschlossen und fensterlos mit Schindeln verkleidet war, wieder verlassen worden war.

25.10 The door swung listlessly open, and when Earl Sawyer once stepped within after a cattle-selling call on Old Whateley he was quite discomposed by the singular odor he encountered -

Die Tür schwang lustlos auf, und als Earl Sawyer einmal nach einem Viehverkauf in Old Whateley hineinging, war er ganz verwirrt von dem seltsamen Geruch, den er vorfand -

25.11 such a stench, he averred, as he had never before smelt in all his life except near the Indian circles on the hills, and which could not come from anything sane or of this earth.

einen solchen Gestank, sagte er, hatte er in seinem ganzen Leben noch nie gerochen, außer in der Nähe der Indianerkreise auf den Hügeln, und der konnte nicht von etwas Gesundem oder von dieser Erde stammen.

But then, the homes and sheds of Dunwich folk have never been remarkable for olfactory immaculateness. 25.12

Aber die Häuser und Schuppen der Leute von Dunwich waren noch nie für ihre olfaktorische Makellosigkeit bekannt.

The following months were void of visible events, save that everyone swore to a slow but steady increase in the mysterious hill noises. 26.1

In den folgenden Monaten gab es keine sichtbaren Ereignisse, außer dass jeder schwor, dass die mysteriösen Geräusche in den Hügeln langsam aber stetig zunahmen.

On May Eve of 1915 there were tremors which even the Aylesbury people felt, whilst the following Hallowe'en produced an underground rumbling queerly synchronized with bursts of flame - 26.2

Am Maiabend des Jahres 1915 gab es Beben, die sogar die Bewohner von Aylesbury spürten, während am darauf folgenden Halloween ein unterirdisches Grollen zu hören war, das auf merkwürdige Weise mit Flammenausbrüchen -

"them witch Whateleys' doin's" - 26.3

"die Hexe Whateleys" -

from the summit of Sentinel Hill. 26.4

vom Gipfel des Sentinel Hill synchronisiert war.

Wilbur was growing up uncannily, 26.5

Wilbur wuchs auf unheimliche Weise heran,

so that he looked like a boy of ten as he entered his fourth year. 26.6

so dass er mit Beginn des vierten Schuljahres wie ein zehnjähriger Junge aussah.

26.7 **He read avidly by himself now; but talked much less than formerly.**
Er las jetzt eifrig allein, sprach aber viel weniger als früher.

26.8 **A settled taciturnity was absorbing him, and for the first time people began to speak specifically of the dawning look of evil in his goatish face.**
Eine ständige Schweigsamkeit machte sich in ihm breit, und zum ersten Mal sprachen die Leute ausdrücklich von dem bösen Blick, der sich in seinem ziegenartigen Gesicht abzeichnete.

26.9 **He would sometimes mutter an unfamiliar jargon,**
Manchmal murmelte er einen unbekannten Jargon und sang in bizarren Rhythmen,

26.10 **and chant in bizarre rhythms which chilled the listener with a sense of unexplainable terror.**
die den Zuhörer mit einem Gefühl unerklärlicher Angst erfüllten.

26.11 **The aversion displayed toward him by dogs had now become a matter of wide remark, and he was obliged to carry a pistol in order to traverse the countryside in safety.**
Die Abneigung, die ihm die Hunde entgegenbrachten, war inzwischen weithin bekannt, und er war gezwungen, eine Pistole mit sich zu führen, um sich in Sicherheit bewegen zu können.

26.12 **His occasional use of the weapon did not enhance his popularity amongst the owners of canine guardians.**
Sein gelegentlicher Gebrauch der Waffe trug nicht zu seiner Beliebtheit bei den Besitzern von Hundehütern bei.

The few callers at the house would often find Lavinia alone on the ground floor,

27.1

Die wenigen Besucher des Hauses fanden Lavinia oft allein im Erdgeschoss,

while odd cries and footsteps resounded in the boarded-up second story.

27.2

während im mit Brettern vernagelten Obergeschoss seltsame Schreie und Schritte ertönten.

She would never tell what her father and the boy were doing up there, though once she turned pale and displayed an abnormal degree of fear when a jocose fish-peddler tried the locked door leading to the stairway.

27.3

Sie erzählte nie, was ihr Vater und der Junge dort oben taten, aber einmal wurde sie blass und zeigte ein ungewöhnliches Maß an Angst, als ein scherzhafter Fischhändler die verschlossene Tür zum Treppenhaus versuchte.

That peddler told the store loungers at Dunwich Village that he thought he heard a horse stamping on that floor above.

27.4

Dieser Hausierer erzählte den Ladenbesitzern in Dunwich Village, dass er glaubte, ein Pferd in der oberen Etage trampeln zu hören.

The loungers reflected, thinking of the door and runway, and of the cattle that so swiftly disappeared.

27.5

Die Faulenzer dachten an die Tür und den Laufsteg und an das Vieh, das so schnell verschwunden war.

27.6 Then they shuddered as they recalled tales of Old Whateley's youth, and of the strange things that are called out of the earth when a bullock is sacrificed at the proper time to certain heathen gods.

Dann erschauderten sie, als sie sich an die Geschichten aus der Jugend des alten Whateley erinnerten und an die seltsamen Dinge, die aus der Erde gerufen werden, wenn ein Ochse zur rechten Zeit bestimmten heidnischen Göttern geopfert wird.

27.7 It had for some time been noticed that dogs had begun to hate and fear the whole Whateley place as violently as they hated and feared young Wilbur personally.

Seit einiger Zeit hatte man festgestellt, dass die Hunde den ganzen Ort Whateley so sehr zu hassen und zu fürchten begannen, wie sie den jungen Wilbur persönlich hassten und fürchteten.

28.1 In 1917 the war came, and Squire Sawyer Whateley, as chairman of the local draft board, had hard work finding a quota of young Dunwich men fit even to be sent to a development camp.

Als 1917 der Krieg ausbrach, hatte Squire Sawyer Whateley als Vorsitzender der örtlichen Einberufungskommission große Mühe, eine Quote junger Männer aus Dunwich zu finden, die auch nur in ein Entwicklungslager geschickt werden konnten.

28.2 The government, alarmed at such signs of wholesale regional decadence, sent several officers and medical experts to investigate; conducting a survey which New England newspaper readers may still recall.

Die Regierung, alarmiert über diese Anzeichen für eine umfassende Dekadenz in der Region, entsandte mehrere Offiziere und medizinische Experten, um eine Untersuchung durchzuführen, an die sich die Leser der Neuengland-Zeitungen vielleicht noch erinnern.

It was the publicity attending this investigation which set reporters on the track of the Whateleys, and caused the Boston Globe and Arkham Advertiser to print flamboyant Sunday stories of young Wilbur's precociousness, Old Whateley's black magic, the shelves of strange books, the sealed second story of the ancient farmhouse, and the weirdness of the whole region and its hill noises.

28.3

Es war die Öffentlichkeit, die diese Untersuchung begleitete, die die Reporter auf die Spur der Whateleys brachte und den Boston Globe und den Arkham Advertiser dazu veranlasste, überschwängliche Sonntagsgeschichten über die Frühreife des jungen Wilbur, die schwarze Magie des alten Whateley, die Regale mit seltsamen Büchern, das versiegelte zweite Stockwerk des alten Bauernhauses und die Seltsamkeit der ganzen Gegend und ihrer Hügelgeräusche zu drucken.

Wilbur was four and a half then, and looked like a lad of fifteen.

28.4

Wilbur war damals viereinhalb Jahre alt und sah aus wie ein fünfzehnjähriger Junge.

His lip and cheek were fuzzy with a coarse dark down, and his voice had begun to break.

28.5

Seine Lippen und Wangen waren mit einem groben, dunklen Flaum überzogen, und seine Stimme hatte begonnen zu brechen.

Earl Sawyer went out to the Whateley place with both sets of reporters and camera men,

28.6

Earl Sawyer ging mit beiden Gruppen von Reportern und Kameraleuten zum Whateley-Haus und machte sie auf den seltsamen Gestank aufmerksam,

28.7 and called their attention to the queer stench which now seemed to trickle down from the sealed upper spaces.

der jetzt aus den versiegelten oberen Räumen herabzusickern schien.

28.8 It was, he said, exactly like a smell he had found in the tool-shed abandoned when the house was finally repaired, and like the faint odors which he sometimes thought he caught near the stone circles on the mountains.

Er sagte, es sei genau wie der Geruch, den er in dem Werkzeugschuppen gefunden hatte, den er verlassen hatte, als das Haus endlich repariert wurde, und wie die schwachen Gerüche, die er manchmal in der Nähe der Steinkreise in den Bergen wahrzunehmen glaubte.

28.9 Dunwich folk read the stories when they appeared, and grinned over the obvious mistakes.

Die Leute in Dunwich lasen die Geschichten, wenn sie erschienen, und schmunzelten über die offensichtlichen Fehler.

28.10 They wondered, too, why the writers made so much of the fact that Old Whateley always paid for his cattle in gold pieces of extremely ancient date.

Sie wunderten sich auch, warum die Autoren so viel Wert auf die Tatsache legten, dass Old Whateley sein Vieh immer in Goldstücken von sehr altem Datum bezahlte.

28.11 The Whateleys had received their visitors with ill-concealed distaste, though they did not dare court further publicity by a violent resistance or refusal to talk.

Die Whateleys hatten ihre Besucher mit unverhohlener Abneigung empfangen, obwohl sie es nicht wagten, durch heftigen Widerstand oder Gesprächsverweigerung weitere Aufmerksamkeit zu erregen.

— 4 —

For a decade the annals of the Whateleys sink
indistinguishably into the general life of a morbid
community used to their queer ways and hardened to
their May Eve and All-Hallow orgies.

30.1

Ein Jahrzehnt lang ging die Geschichte der Whateleys
ununterscheidbar in das allgemeine Leben einer morbiden
Gemeinschaft ein, die an ihre seltsamen Bräuche gewöhnt
und an ihre Maiabend - und Allerheiligenorgien gewöhnt
war.

Twice a year they would light fires on the top
of Sentinel Hill, at which times the mountain
rumblings would recur with greater and greater
violence; while at all seasons there were strange and
portentous doings at the lonely farmhouse.

30.2

Zweimal im Jahr zündeten sie auf dem Gipfel des Sentinel
Hill Feuer an, und zu diesen Zeiten wiederholte sich
das Grollen des Berges mit immer größerer Heftigkeit,
während zu allen Jahreszeiten seltsame und unheilvolle
Dinge in dem einsamen Bauernhaus geschahen.

In the course of time callers professed to hear sounds
in the sealed upper story even when all the family
were downstairs, and they wondered how swiftly
or how lingeringly a cow or bullock was usually
sacrificed.

30.3

Im Laufe der Zeit erklärten Anrufer, dass sie Geräusche
im versiegelten Obergeschoss hörten, selbst wenn die
ganze Familie unten war, und sie wunderten sich, wie
schnell oder wie lange eine Kuh oder ein Ochse gewöhnlich
geopfert wurde.

30.4 There was talk of a complaint to the Society for the Prevention of Cruelty to Animals; but nothing ever came of it, since Dunwich folk are never anxious to call the outside world's attention to themselves.

Man sprach davon, sich beim Tierschutzverein zu beschweren, aber daraus wurde nichts, denn die Leute in Dunwich sind nie darauf bedacht, die Aufmerksamkeit der Außenwelt auf sich zu lenken.

31.1 About 1923, when Wilbur was a boy of ten whose mind, voice, stature, and bearded face gave all the impressions of maturity, a second great siege of carpentry went on at the old house.

Um 1923, als Wilbur ein Junge von zehn Jahren war, dessen Verstand, Stimme, Statur und bärtiges Gesicht alle Eindrücke von Reife vermittelten, fand in dem alten Haus eine zweite große Belagerung durch Zimmerleute statt.

31.2 It was all inside the sealed upper part, and from bits of discarded lumber people concluded that the youth and his grandfather had knocked out all the partitions and even removed the attic floor, leaving only one vast open void between the ground story and the peaked roof.

Es befand sich alles im versiegelten oberen Teil, und aus weggeworfenen Holzstücken schloss man, dass der Junge und sein Großvater alle Zwischenwände herausgerissen und sogar den Dachboden entfernt hatten, so dass nur noch ein riesiger offener Raum zwischen dem Erdgeschoss und dem Spitzdach übrig blieb.

They had torn down the great central chimney, too, and fitted the rusty range with a flimsy outside tin stove-pipe. 31.3

Sie hatten auch den großen zentralen Schornstein abgerissen und den rostigen Herd mit einem fadenscheinigen Ofenrohr aus Blech versehen.

In the spring after this event Old Whateley noticed the growing number of whippoorwills that would come out of Cold Spring Glen to chirp under his window at night. 32.1

Im Frühjahr nach diesem Ereignis bemerkte Old Whateley die wachsende Zahl von Ziegenmelkern, die nachts aus dem Cold Spring Glen kamen und unter seinem Fenster zwitscherten.

He seemed to regard the circumstance as one of great significance, and told the loungers at Osborn's that he thought his time had almost come. 32.2

Er schien diesen Umstand für sehr bedeutsam zu halten und erzählte den Faulenzern im Osborn's, er glaube, seine Zeit sei fast gekommen.

"They whistle jest in tune with my breathin' naow," he said, "an' I guess they're gittin' ready to ketch my soul. 33.1

"Sie pfeifen jetzt im Einklang mit meinem Atem", sagte er, "und ich glaube, sie sind bereit, meine Seele zu holen.

They know it's a-goin' aout, an' dun't calc'late to miss it. 33.2

Sie wissen, dass es gleich losgeht, und wollen es nicht verpassen.

33.3 Yew'll know, boys, arter I'm gone, whether they git me er not.

Ihr werdet es erfahren, Jungs, wenn ich weg bin, ob sie mich kriegen oder nicht.

33.4 Ef they dew,

Wenn sie es tun,

33.5 they'll keep up a-singin' an' laffin' till break o' day.

werden sie bis zum Morgengrauen singen und lachen.

33.6 Ef they dun't, they'll kinder quiet daown like.

Wenn sie nicht tauen, werden sie ganz still sein.

33.7 I expeck them an' the souls they hunts fer hev some pretty tough tussles sometimes."

Ich glaube, sie und die Seelen, die sie jagen, haben manchmal ziemlich harte Kämpfe."

34.1 On Lammas Night, 1924, Dr. Houghton of Aylesbury was hastily summoned by Wilbur Whateley, who had lashed his one remaining horse through the darkness and telephoned from Osborn's in the village.

In der Lammasnacht 1924 wurde Dr. Houghton aus Aylesbury eilig von Wilbur Whateley herbeigerufen, der sein einziges verbliebenes Pferd durch die Dunkelheit gezäumt hatte und von Osborn's im Dorf aus telefonierte.

34.2 He found Old Whateley in a very grave state, with a cardiac action and stertorous breathing that told of an end not far off.

Er fand den alten Whateley in einem sehr ernsten Zustand vor, mit einer Herztätigkeit und stertorischen Atmung, die auf ein nahes Ende hindeuteten.

The shapeless albino daughter and oddly bearded grandson stood by the bedside, whilst from the vacant abyss overhead there came a disquieting suggestion of rhythmical surging or lapping, as of the waves on some level beach. 34.3

Die unförmige Albinotochter und der seltsam bärtige Enkel standen am Bett, während aus dem leeren Abgrund über ihm ein beunruhigendes rhythmisches Rauschen oder Plätschern zu hören war, wie von den Wellen an einem flachen Strand.

The doctor, though, was chiefly disturbed by the chattering night birds outside; 34.4

Der Arzt wurde jedoch vor allem durch das Geschnatter der Nachtvögel draußen gestört;

a seemingly limitless legion of whippoorwills that cried their endless message in repetitions timed diabolically to the wheezing gasps of the dying man. 34.5

eine scheinbar endlose Legion von Ziegenmelkern, die ihre endlosen Botschaften in diabolisch getimten Wiederholungen zu den keuchenden Atemzügen des sterbenden Mannes riefen.

It was uncanny and unnatural - 34.6

Es war unheimlich und unnatürlich -

too much, thought Dr. Houghton, like the whole of the region he had entered so reluctantly in response to the urgent call. 34.7

zu sehr, dachte Dr. Houghton, wie die ganze Gegend, die er so widerwillig betreten hatte, um dem dringenden Ruf zu folgen.

Toward 1 o'clock Old Whateley gained consciousness, 35.1

Gegen 1 Uhr kam der alte Whateley wieder zu sich und unterbrach sein Keuchen,

35.2 and interrupted his wheezing to choke out a few words to his grandson.
um seinem Enkel ein paar Worte zuzurufen.

36.1 "More space, Willy, more space soon. Yew grows -
"Mehr Platz, Willy, bald mehr Platz. Ihr wächst -

36.2 an' that grows faster.
und das wächst schneller.

36.3 It'll be ready to sarve ye soon, boy.
Bald ist es bereit, dich zu sarven, Junge.

36.4 Open up the gates to Yog-Sothoth with the long chant that ye'll find on page 751 of the complete edition, an' then put a match to the prison.
Öffne die Tore zu Yog-Sothoth mit dem langen Spruch, den du auf Seite 751 der Gesamtausgabe findest, und stecke dann ein Streichholz an das Gefängnis.

36.5 Fire from airth can't burn it nohaow!"
Feuer aus der Luft kann es jetzt nicht mehr verbrennen!"

37.1 He was obviously quite mad.
Er war offensichtlich ziemlich verrückt.

37.2 After a pause, during which the flock of whippoorwills outside adjusted their cries to the altered tempo while some indications of the strange hill noises came from afar off, he added another sentence or two.
Nach einer Pause, in der die Schar der Ziegenmelker draußen ihre Rufe an das veränderte Tempo anpasste, während aus der Ferne einige Hinweise auf die seltsamen Geräusche in den Bergen kamen, fügte er noch ein oder zwei Sätze hinzu.

"Feed it reg'lar, Willy, an' mind the quantity;   38.1
"Füttere sie regelmäßig, Willy, und achte auf die Menge;

but dun't let it grow too fast fer the place, fer ef it   38.2
busts quarters or gits aout afore ye opens to Yog-
Sothoth, it's all over an' no use.
aber lass sie nicht zu schnell für den Ort wachsen, denn
wenn sie das Quartier sprengt oder verschwindet, bevor du
Yog-Sothoth öffnest, ist alles vorbei und sinnlos.

Only them from beyont kin make it multiply an'   38.3
work ...Only them, the old uns as wants to come
back ..."
Nur die von drüben können es vermehren und arbeiten
...Nur sie, die alten Leute, die zurückkommen wollen ..."

But speech gave place to gasps again, and Lavinia   39.1
screamed at the way the whippoorwills followed the
change.
Aber das Sprechen wich wieder einem Keuchen, und
Lavinia schrie auf, als die Pfeifenkrähen dem Wechsel
folgten.

It was the same for more than an hour,   39.2
So ging es mehr als eine Stunde lang,

when the final throaty rattle came.   39.3
bis das letzte kehlige Röcheln ertönte.

Dr. Houghton drew shrunken lids over the glazing   39.4
gray eyes as the tumult of birds faded imperceptibly
to silence.
Dr. Houghton zog die Lider über die glasigen grauen
Augen zusammen, als der Vogelschwarm unmerklich
verstummte.

39.5 Lavinia sobbed, but Wilbur only chuckled whilst the hill noises rumbled faintly.

Lavinia schluchzte, aber Wilbur gluckste nur, während die Geräusche des Hügels leise rumpelten.

40.1 "They didn't git him,"

"Sie haben ihn nicht erwischt,"

40.2 he muttered in his heavy bass voice.

murmelte er mit seiner schweren Bassstimme.

41.1 Wilbur was by this time a scholar of really tremendous erudition in his one-sided way, and was quietly known by correspondence to many librarians in distant places where rare and forbidden books of old days are kept.

Wilbur war zu dieser Zeit ein Gelehrter von wirklich enormer Gelehrsamkeit in seiner einseitigen Art, und er war vielen Bibliothekaren in fernen Orten, in denen seltene und verbotene Bücher aus alten Zeiten aufbewahrt werden, im Stillen durch Korrespondenz bekannt.

41.2 He was more and more hated and dreaded around Dunwich because of certain youthful disappearances which suspicion laid vaguely at his door;

Er wurde in Dunwich immer mehr gehaßt und gefürchtet wegen gewisser jugendlicher Verschwundener, die der Verdacht vage auf ihn lenkte;

but was always able to silence inquiry through fear or through use of that fund of old-time gold which still, as in his grandfather's time, went forth regularly and increasingly for cattle-buying.

41.3

aber es gelang ihm immer, Nachforschungen durch Furcht oder durch Verwendung jenes Fonds von Gold aus alter Zeit zum Schweigen zu bringen, der noch immer, wie zur Zeit seines Großvaters, regelmäßig und in zunehmendem Maße für den Viehkauf ausgegeben wurde.

He was now tremendously mature of aspect, and his height, having reached the normal adult limit, seemed inclined to wax beyond that figure.

41.4

Er war jetzt ungeheuer reif im Aussehen, und seine Körpergröße, die die normale Grenze eines Erwachsenen erreicht hatte, schien dazu zu neigen, über diese Zahl hinaus zu wachsen.

In 1925, when a scholarly correspondent from Miskatonic University called upon him one day and departed pale and puzzled, he was fully six and three-quarters feet tall.

41.5

Im Jahr 1925, als ein wissenschaftlicher Korrespondent der Miskatonic University ihn eines Tages aufsuchte und blass und verwirrt abreiste, war er ganze sechseinviertel Fuß groß.

Through all the years Wilbur had treated his half-deformed albino mother with a growing contempt,

42.1

In all den Jahren hatte Wilbur seine halb deformierte Albinomutter mit zunehmender Verachtung behandelt und ihr schließlich verboten,

finally forbidding her to go to the hills with him on May Eve and Hallowmass;

42.2

am Maifeiertag und zu Halloween mit ihm in die Berge zu gehen;

42.3 and in 1926 the poor creature complained to Mamie Bishop of being afraid of him.

und 1926 beschwerte sich das arme Geschöpf bei Mamie Bishop, dass sie Angst vor ihm habe.

43.1 "They's more abaout him as I knows than I kin tell ye, Mamie," she said, "an' naowadays they's more nor what I know myself.

"Ich weiß mehr über ihn, als ich dir sagen kann, Mamie", sagte sie, "und heutzutage ist es mehr, als ich selbst weiß.

43.2 I vaow afur Gawd, I dun't know what he wants nor what he's a-tryin' to dew."

Ich schwöre bei Gott, ich weiß weder, was er will, noch was er versucht zu tauen."

44.1 That Hallowe'en the hill noises sounded louder than ever, and fire burned on Sentinel Hill as usual, but people paid more attention to the rhythmical screaming of vast flocks of unnaturally belated whippoorwills which seemed to be assembled near the unlighted Whateley farmhouse.

An jenem Halloween waren die Geräusche in den Bergen lauter als je zuvor, und auf dem Sentinel Hill brannte wie üblich ein Feuer, aber die Leute achteten mehr auf das rhythmische Geschrei riesiger Schwärme von unnatürlich verspäteten Ziegenmelkern, die sich in der Nähe des unbeleuchteten Whateley-Farmhauses zu versammeln schienen.

After midnight their shrill notes burst into a kind of pandemoniac cachinnation which filled all the countryside, and not until dawn did they finally quiet down.

44.2

Nach Mitternacht brachen ihre schrillen Töne in eine Art pandemonisches Gezirpe aus, das die ganze Landschaft erfüllte, und erst im Morgengrauen verstummten sie schließlich.

Then they vanished,

44.3

Dann verschwanden sie und eilten in Richtung Süden,

hurrying southward where they were fully a month overdue.

44.4

wo sie bereits einen ganzen Monat überfällig waren.

What this meant,

44.5

Was das zu bedeuten hatte,

no one could quite be certain till later.

44.6

konnte man erst später mit Sicherheit sagen.

None of the countryfolk seemed to have died -

44.7

Keiner der Landbewohner schien gestorben zu sein -

but poor Lavinia Whateley, the twisted albino, was never seen again.

44.8

aber die arme Lavinia Whateley, der verdrehte Albino, wurde nie wieder gesehen.

In the summer of 1927 Wilbur repaired two sheds in the farmyard and began moving his books and effects out to them.

45.1

Im Sommer 1927 reparierte Wilbur zwei Schuppen auf dem Bauernhof und begann, seine Bücher und sein Hab und Gut dorthin zu bringen.

45.2 Soon afterward Earl Sawyer told the loungers at Osborn's that more carpentry was going on in the Whateley farmhouse.

Bald darauf erzählte Earl Sawyer den Faulenzern im Osborn's, dass im Whateley-Farmhaus weitere Zimmerarbeiten stattfanden.

45.3 Wilbur was closing all the doors and windows on the ground floor, and seemed to be taking out partitions as he and his grandfather had done upstairs four years before.

Wilbur war dabei, alle Türen und Fenster im Erdgeschoss zu schließen und schien Trennwände herauszunehmen, wie er und sein Großvater es vier Jahre zuvor im Obergeschoss getan hatten.

45.4 He was living in one of the sheds, and Sawyer thought he seemed unusually worried and tremulous.

Er wohnte in einem der Schuppen, und Sawyer fand, dass er ungewöhnlich besorgt und zittrig wirkte.

45.5 People generally suspected him of knowing something about his mother's disappearance, and very few ever approached his neighborhood now.

Die Leute verdächtigten ihn im Allgemeinen, etwas über das Verschwinden seiner Mutter zu wissen, und nur wenige näherten sich jetzt seiner Nachbarschaft.

45.6 His height had increased to more than seven feet,

Er war über zwei Meter groß geworden und zeigte keine Anzeichen dafür,

45.7 and showed no signs of ceasing its development.

dass seine Entwicklung aufhören würde.

— 5 —

The following winter brought an event no less strange than Wilbur's first trip outside the Dunwich region.

47.1

Der folgende Winter brachte ein Ereignis, das nicht weniger seltsam war als Wilburs erste Reise außerhalb der Region Dunwich.

Correspondence with the Widener Library at Harvard, the Bibliotheque Nationale in Paris, the British Museum, the University of Buenos Aires, and the Library of Miskatonic University at Arkham had failed to get him the loan of a book he desperately wanted;

47.2

Die Korrespondenz mit der Widener Library in Harvard, der Bibliotheque Nationale in Paris, dem Britischen Museum, der Universität von Buenos Aires und der Bibliothek der Miskatonic University in Arkham hatte nicht dazu geführt, dass er ein Buch ausleihen konnte, das er unbedingt haben wollte;

so at length he set out in person, shabby, dirty, bearded, and uncouth of dialect, to consult the copy at Miskatonic, which was the nearest to him geographically.

47.3

also machte er sich schließlich persönlich auf den Weg, schäbig, schmutzig, bärtig und mit ungehobeltem Dialekt, um das Exemplar in Miskatonic zu konsultieren, das ihm geografisch am nächsten lag.

47.4 Almost eight feet tall, and carrying a cheap new valise from Osborn's general store, this dark and goatish gargoyle appeared one day in Arkham in quest of the dreaded volume kept under lock and key at the college library -

Fast zwei Meter groß und mit einer billigen neuen Reisetasche aus Osborns Gemischtwarenladen in der Hand erschien dieser dunkle, ziegenartige Wasserspeier eines Tages in Arkham, um das gefürchtete Buch zu suchen, das in der Universitätsbibliothek unter Verschluss gehalten wurde -

47.5 the hideous Necronomicon of the mad Arab Alhazred in Olaus Wormius' Latin version,

das scheußliche Necronomicon des verrückten Arabers Alhazred in der lateinischen Fassung von Olaus Wormius,

47.6 as printed in Spain in the Seventeenth Century.

wie sie im siebzehnten Jahrhundert in Spanien gedruckt wurde.

47.7 He had never seen a city before, but had no thought save to find his way to the university grounds;

Jahrhundert in Spanien gedruckt worden war;

47.8 where, indeed, he passed heedlessly by the great white-fanged watchdog that barked with unnatural fury and enmity, and tugged frantically at its stout chain.

Er hatte noch nie eine Stadt gesehen, dachte aber nur daran, den Weg zum Universitätsgelände zu finden, wo er in der Tat achtlos an dem großen Wachhund mit den weißen Fängen vorbeiging, der mit unnatürlicher Wut und Feindseligkeit bellte und verzweifelt an seiner dicken Kette zerrte.

Wilbur had with him the priceless but imperfect copy
of Dr. Dee's English version which his grandfather
had bequeathed him, and upon receiving access to
the Latin copy he at once began to collate the two
texts with the aim of discovering a certain passage
which would have come on the 751st page of his own
defective volume.

48.1

Wilbur hatte das unbezahlbare, aber unvollkommene
Exemplar von Dr. Dees englischer Version bei sich, das ihm
sein Großvater vermacht hatte, und als er Zugang zum
lateinischen Exemplar erhielt, begann er sofort, die beiden
Texte miteinander zu vergleichen, um eine bestimmte
Passage zu entdecken, die auf der 751sten Seite seines
eigenen fehlerhaften Bandes zu finden war.

This much he could not civilly refrain from telling
the librarian -

48.2

Das konnte er dem Bibliothekar nicht verschweigen -

the same erudite Henry Armitage (A. M. Miskatonic,
Ph. D. Princeton, Litt. D. Johns Hopkins) who had
once called at the farm, and who now politely plied
him with questions.

48.3

demselben gelehrten Henry Armitage (A. M. Miskatonic,
Ph. D. Princeton, Litt. D. Johns Hopkins), der ihn schon
einmal auf der Farm besucht hatte und ihn jetzt höflich mit
Fragen löcherte.

48.4 He was looking, he had to admit, for a kind of formula or incantation containing the frightful name Yog-Sothoth, and it puzzled him to find discrepancies, duplications, and ambiguities which made the matter of determination far from easy.

Er war, wie er zugeben musste, auf der Suche nach einer Art Formel oder Beschwörungsformel, die den furchterregenden Namen Yog-Sothoth enthielt, und es verwirrte ihn, dass er auf Unstimmigkeiten, Doppelungen und Zweideutigkeiten stieß, die die Bestimmung alles andere als einfach machten.

48.5 As he copied the formula he finally chose, Dr. Armitage looked involuntarily over his shoulder at the open pages;

Als er die Formel, für die er sich schließlich entschied, abschrieb, blickte Dr. Armitage unwillkürlich über seine Schulter auf die aufgeschlagenen Seiten;

48.6 the left-hand one of which, in the Latin version, contained such monstrous threats to the peace and sanity of the world.

die linke Seite, die in der lateinischen Version so ungeheuerliche Bedrohungen für den Frieden und die Vernunft der Welt enthielt.

49.1 Nor is it to be thought [ran the text as Armitage mentally translated it] that man is either the oldest or the last of earth's masters, or that the common bulk of life and substance walks alone.

Es ist auch nicht zu denken [so lautete der Text, wie Armitage ihn gedanklich übersetzte], dass der Mensch entweder der älteste oder der letzte der Herren der Erde ist, oder dass die gemeinsame Masse des Lebens und der Substanz allein geht.

The Old Ones were, the Old Ones are, and the Old Ones shall be. 49.2

Die Älteren waren, die Älteren sind und die Älteren werden sein.

Not in the spaces we know, but between them. 49.3

Nicht in den Räumen, die wir kennen, sondern zwischen ihnen.

They walk serene and primal, 49.4

Sie wandeln heiter und ursprünglich,

undimensioned and to us unseen. 49.5

undimensioniert und für uns unsichtbar.

Yog-Sothoth knows the gate. Yog-Sothoth is the gate. 49.6

Yog-Sothoth kennt das Tor. Yog-Sothoth ist das Tor.

Yog-Sothoth is the key and guardian of the gate. 49.7

Yog-Sothoth ist der Schlüssel und Wächter des Tores.

Past, present, future, all are one in Yog-Sothoth. 49.8

Vergangenheit, Gegenwart, Zukunft, alles ist eins in Yog-Sothoth.

He knows where the Old Ones broke through of old, and where They shall break through again. 49.9

Er weiß, wo die Alten einst durchbrachen, und wo sie wieder durchbrechen werden.

He knows where They have trod earth's fields, and where They still tread them, and why no one can behold Them as They tread. 49.10

Er weiß, wo sie die Felder der Erde betreten haben und wo sie sie immer noch betreten, und warum niemand sie sehen kann, wenn sie sie betreten.

49.11 By Their smell can men sometimes know Them near, but of Their semblance can no man know, saving only in the features of those They have begotten on mankind;

An ihrem Geruch können die Menschen sie manchmal erkennen, aber ihre Gestalt kann niemand erkennen, außer in den Zügen derer, die sie auf der Menschheit gezeugt haben;

49.12 and of those are there many sorts, differing in likeness from man's truest eidolon to that shape without sight or substance which is They.

und von diesen gibt es viele Arten, die sich in ihrer Ähnlichkeit vom wahrsten Eidolon des Menschen bis zu der Gestalt ohne Anblick oder Substanz unterscheiden, die sie sind.

49.13 They walk unseen and foul in lonely places where the Words have been spoken and the Rites howled through at their Seasons.

Sie wandeln ungesehen und faul an einsamen Orten, wo die Worte gesprochen und die Riten zu ihren Jahreszeiten geheult wurden.

49.14 The wind gibbers with Their voices,

Der Wind schnattert mit ihren Stimmen,

49.15 and the earth mutters with Their consciousness.

und die Erde murmelt mit ihrem Bewusstsein.

49.16 They bend the forest and crush the city, yet may not forest or city behold the hand that smites.

Sie beugen den Wald und zermalmen die Stadt, doch weder Wald noch Stadt dürfen die Hand sehen, die schlägt.

49.17 Kadath in the cold waste hath known Them,

Kadath in der kalten Wüste hat sie gekannt,

and what man knows Kadath? 49.18
und welcher Mensch kennt schon Kadath?

The ice desert of the South and the sunken isles of 49.19
Ocean hold stones whereon Their seal is engraven,
but who hath seen the deep frozen city or the sealed
tower long garlanded with seaweed and barnacles?
Die Eiswüste des Südens und die versunkenen Inseln des
Ozeans bergen Steine, auf denen ihr Siegel eingraviert ist,
aber wer hat die tiefgefrorene Stadt oder den versiegelten
Turm gesehen, der lange mit Seetang und Seepocken
geschmückt war?

Great Cthulhu is Their cousin, 49.20
Der große Cthulhu ist ihr Vetter,

yet can he spy Them only dimly. 49.21
doch kann er sie nur schemenhaft erblicken.

Iä Shub-Niggurath! As a foulness shall ye know 49.22
Them.
Iä Shub-Niggurath! Als eine Fäulnis sollt ihr sie erkennen.

Their hand is at your throats, yet ye see Them not; 49.23
Ihre Hand ist an eurer Kehle, doch ihr seht sie nicht;

and Their habitation is even one with your guarded 49.24
threshold.
und ihre Behausung ist sogar eins mit eurer bewachten
Schwelle.

Yog-Sothoth is the key to the gate, 49.25
Yog-Sothoth ist der Schlüssel zum Tor,

whereby the spheres meet. 49.26
durch das sich die Sphären treffen.

49.27 **Man rules now where They ruled once;**
Wo sie einst herrschten, herrscht jetzt der Mensch;

49.28 **They shall soon rule where man rules now.**
wo jetzt der Mensch herrscht, werden sie bald herrschen.

49.29 **After summer is winter,**
Nach dem Sommer kommt der Winter,

49.30 **and after winter summer. They wait patient and potent,**
und nach dem Winter der Sommer. Sie warten geduldig und stark,

49.31 **for here shall They reign again.**
denn hier werden sie wieder herrschen.

50.1 **Dr. Armitage, associating what he was reading with what he had heard of Dunwich and its brooding presences, and of Wilbur Whateley and his dim, hideous aura that stretched from a dubious birth to a cloud of probable matricide, felt a wave of fright as tangible as a draft of the tomb's cold clamminess.**
Dr. Armitage assoziierte das, was er las, mit dem, was er über Dunwich und seine grüblerischen Gestalten gehört hatte, und über Wilbur Whateley und seine düstere, abscheuliche Aura, die sich von einer zweifelhaften Geburt bis zu einer Wolke wahrscheinlichen Muttermordes erstreckte, und fühlte eine Welle des Schreckens, die so greifbar war wie ein Luftzug der kalten Klammheit der Gruft.

50.2 **The bent,**
Der gekrümmte,

goatish giant before him seemed like the spawn of
another planet or dimension; 50.3

ziegenartige Riese vor ihm wirkte wie die Ausgeburt eines
anderen Planeten oder einer anderen Dimension;

like something only partly of mankind, and linked 50.4
to black gulfs of essence and entity that stretch like
titan fantasms beyond all spheres of force and matter,
space and time.

wie etwas, das nur zum Teil von der Menschheit stammte
und mit schwarzen Klüften von Wesen und Wesenheit
verbunden war, die sich wie Titanenfantasien über alle
Sphären von Kraft und Materie, Raum und Zeit hinaus
erstreckten.

Presently Wilbur raised his head and began speaking 51.1
in that strange, resonant fashion which hinted
at sound-producing organs unlike the run of
mankind's.

Plötzlich hob Wilbur den Kopf und begann in jener
seltsamen, klangvollen Weise zu sprechen, die auf
schallproduzierende Organe hinwies, die sich von denen
der übrigen Menschheit unterschieden.

"Mr. Armitage," he said, "I calc'late I've got to take 52.1
that book home.

"Mr. Armitage", sagte er, "ich muss das Buch mit nach
Hause nehmen.

They's things in it I've got to try under sarten 52.2
conditions that I can't git here, an' it 'ud be a mortal
sin to let a red-tape rule hold me up.

Darin stehen Dinge, die ich unter besonderen Bedingungen
ausprobieren muss, die ich hier nicht bekommen kann,
und es wäre eine Todsünde, mich von einer bürokratischen
Regelung aufhalten zu lassen.

52.3 Let me take it along, sir, an' I'll swar they wun't nobody know the difference.

Lassen Sie es mich mitnehmen, Sir, und ich schwöre, niemand wird den Unterschied bemerken.

52.4 I dun't need to tell ye I'll take good keer of it.

Ich brauche Ihnen nicht zu sagen, dass ich gut darauf aufpasse.

52.5 It wa'n't me that put this Dee copy in the shape it is ..."

Ich war es nicht, der diese Dee-Kopie in die Form gebracht hat, in der sie ist ..."

53.1 He stopped as he saw firm denial on the librarian's face, and his own goatish features grew crafty.

Er hielt inne, als er das entschiedene Leugnen auf dem Gesicht des Bibliothekars sah, und seine eigenen bockigen Züge wurden listig.

53.2 Armitage, half ready to tell him he might make a copy of what parts he needed, thought suddenly of the possible consequences and checked himself.

Armitage wollte ihm schon fast sagen, dass er eine Kopie der benötigten Teile anfertigen könne, da dachte er plötzlich an die möglichen Konsequenzen und hielt sich zurück.

53.3 There was too much responsibility in giving such a being the key to such blasphemous outer spheres.

Es lag zu viel Verantwortung darin, einem solchen Wesen den Schlüssel zu solch blasphemischen Sphären zu geben.

53.4 Whateley saw how things stood, and tried to answer lightly.

Whateley sah, wie die Dinge standen, und versuchte, leichtfertig zu antworten.

"Wal, all right, ef ye feel that way abaout it.   54.1
"Na gut, wenn ihr das so seht.

Maybe Harvard wun't be so fussy as yew be."   54.2
Vielleicht wird Harvard nicht so pingelig sein wie ihr."

And without saying more he rose and strode out of   54.3
the building, stooping at each doorway.
Und ohne ein weiteres Wort zu sagen, erhob er sich und
verließ das Gebäude, wobei er sich an jeder Tür bückte.

Armitage heard the savage yelping of the great   55.1
watchdog,
Armitage hörte das wilde Kläffen des großen Wachhundes
und beobachtete Whateleys gorillaähnlichen Gang,

and studied Whateley's gorilla-like lope as he crossed   55.2
the bit of campus visible from the window.
als er das vom Fenster aus sichtbare Stück des Geländes
überquerte.

He thought of the wild tales he had heard, and   55.3
recalled the old Sunday stories in the Advertiser;
Er dachte an die wilden Geschichten, die er gehört hatte,
und erinnerte sich an die alten Sonntagsgeschichten im
Advertiser;

these things,   55.4
an diese Dinge und an die Überlieferungen,

and the lore he had picked up from Dunwich rustics   55.5
and villagers during his one visit there.
die er bei seinem einzigen Besuch in Dunwich von den
Bauern und Dorfbewohnern aufgeschnappt hatte.

Unseen things not of earth -   55.6
Unsichtbare Dinge, die nicht von der Erde stammten -

55.7 or at least not of tri-dimensional earth -
oder zumindest nicht von der dreidimensionalen Erde -

55.8 rushed fetid and horrible through New England's glens, and brooded obscenely on the mountain tops.
rauschten stinkend und grausam durch Neuenglands Schluchten und brüteten obszön auf den Berggipfeln.

55.9 Of this he had long felt certain.
Dessen war er sich schon lange sicher.

55.10 Now he seemed to sense the close presence of some terrible part of the intruding horror, and to glimpse a hellish advance in the black dominion of the ancient and once passive nightmare.
Jetzt schien er die unmittelbare Anwesenheit eines schrecklichen Teils des eindringenden Grauens zu spüren und einen höllischen Vorstoß in die schwarze Herrschaft des uralten und einst passiven Albtraums zu erahnen.

55.11 He locked away the Necronomicon with a shudder of disgust,
Er schloss das Necronomicon mit einem Schauder des Ekels weg,

55.12 but the room still reeked with an unholy and unidentifiable stench.
aber der Raum stank immer noch nach einem unheiligen und nicht identifizierbaren Gestank.

55.13 "As a foulness shall ye know them," he quoted.
"Wie eine Fäulnis sollt ihr sie erkennen," zitierte er.

55.14 Yes -
Ja -

the odor was the same as that which had sickened him at the Whateley farmhouse less than three years before. 55.15

es war derselbe Geruch wie der, der ihn vor knapp drei Jahren auf dem Bauernhof von Whateley angeekelt hatte.

He thought of Wilbur, goatish and ominous, once again, and laughed mockingly at the village rumors of his parentage. 55.16

Er dachte wieder an Wilbur, ziegenartig und unheilvoll, und lachte spöttisch über die Dorfgerüchte über seine Herkunft.

"Inbreeding?" Armitage muttered half aloud to himself. 56.1

"Inzucht?" murmelte Armitage halblaut vor sich hin.

"Great God, what simpletons! 56.2

"Großer Gott, was für Einfaltspinsel!

Show them Arthur Machen's Great God Pan and they'll think it a common Dunwich scandal! 56.3

Zeigen Sie ihnen Arthur Machens Great God Pan und sie werden es für einen gewöhnlichen Dunwich-Skandal halten!

But what thing - 56.4

Aber was für ein Ding -

what cursed shapeless influence on or off this three-dimensioned earth - 56.5

welcher verfluchte, formlose Einfluss auf oder außerhalb dieser dreidimensionalen Erde -

was Wilbur Whateley's father? Born on Candlemas - 56.6

war Wilbur Whateleys Vater? Geboren an Mariä Lichtmess -

56.7 **nine months after May Eve of 1912,**
neun Monate nach dem Maiabend des Jahres 1912,

56.8 **when the talk about the queer earth noises reached clear to Arkham -**
als das Gerede über die seltsamen Erdgeräusche bis nach Arkham drang -

56.9 **what walked on the mountains that May Night?**
was ging in jener Maiennacht auf den Bergen umher?

56.10 **What Roodmas horror fastened itself on the world in half-human flesh and blood?"**
Welcher Roodmas-Horror hat sich in halbmenschlichem Fleisch und Blut an die Welt geheftet?"

57.1 **During the ensuing weeks Dr. Armitage set about to collect all possible data on Wilbur Whateley and the formless presences around Dunwich.**
In den darauffolgenden Wochen machte sich Dr. Armitage daran, alle möglichen Daten über Wilbur Whateley und die formlosen Erscheinungen um Dunwich zu sammeln.

57.2 **He got in communication with Dr. Houghton of Aylesbury, who had attended Old Whateley in his last illness, and found much to ponder over in the grandfather's last words as quoted by the physician.**
Er setzte sich mit Dr. Houghton aus Aylesbury in Verbindung, der den alten Whateley während seiner letzten Krankheit betreut hatte, und fand in den letzten Worten des Großvaters, die der Arzt zitierte, viel zum Nachdenken.

A visit to Dunwich Village failed to bring out 57.3
much that was new; but a close survey of the
Necronomicon, in those parts which Wilbur had
sought so avidly, seemed to supply new and terrible
clues to the nature, methods, and desires of the
strange evil so vaguely threatening this planet.
Ein Besuch in Dunwich Village brachte nicht viel
Neues zutage, aber eine eingehende Untersuchung des
Necronomicon in den Teilen, die Wilbur so eifrig gesucht
hatte, schien neue und schreckliche Hinweise auf die
Natur, die Methoden und die Wünsche des seltsamen
Bösen zu liefern, das diesen Planeten so vage bedrohte.

Talks with several students of archaic lore in Boston, 57.4
and letters to many others elsewhere, gave him a
growing amazement which passed slowly through
varied degrees of alarm to a state of really acute
spiritual fear.
Gespräche mit mehreren Studenten der archaischen
Wissenschaften in Boston und Briefe an viele andere in
anderen Ländern ließen sein Erstaunen wachsen, das sich
langsam über verschiedene Grade der Beunruhigung zu
einem Zustand wirklich akuter geistiger Angst entwickelte.

As the summer drew on he felt dimly that something 57.5
ought to be done about the lurking terrors of the
upper Miskatonic valley, and about the monstrous
being known to the human world as Wilbur
Whateley.
Im Laufe des Sommers hatte er das dumpfe Gefühl,
dass etwas gegen die lauernden Schrecken des oberen
Miskatonic-Tals und gegen das monströse Wesen, das der
menschlichen Welt als Wilbur Whateley bekannt war,
unternommen werden musste.

— 6 —

59.1 The Dunwich horror itself came between Lammas and the equinox in 1928, and Dr. Armitage was among those who witnessed its monstrous prologue.

Der eigentliche Dunwich-Horror ereignete sich zwischen Lammas und der Tagundnachtgleiche im Jahr 1928, und Dr. Armitage gehörte zu denjenigen, die Zeuge des monströsen Prologs wurden.

59.2 He had heard, meanwhile, of Whateley's grotesque trip to Cambridge, and of his frantic efforts to borrow or copy from the Necronomicon at the Widener Library.

In der Zwischenzeit hatte er von Whateleys grotesker Reise nach Cambridge gehört und von seinen verzweifelten Bemühungen, das Necronomicon in der Widener Library auszuleihen oder zu kopieren.

59.3 Those efforts had been in vain, since Armitage had issued warnings of the keenest intensity to all librarians having charge of the dreaded volume.

Diese Bemühungen waren vergeblich gewesen, denn Armitage hatte alle Bibliothekare, die für das gefürchtete Werk zuständig waren, in aller Schärfe gewarnt.

59.4 Wilbur had been shockingly nervous at Cambridge;

Wilbur war in Cambridge erschreckend nervös gewesen;

59.5 anxious for the book, yet almost equally anxious to get home again, as if he feared the results of being away long.

er hatte sich nach dem Buch gesehnt, doch fast ebenso sehr hatte er sich danach gesehnt, wieder nach Hause zu kommen, als ob er die Folgen einer langen Abwesenheit fürchtete.

Early in August the half-expected outcome developed, and in the small hours of the third Dr. Armitage was awakened suddenly by the wild, fierce cries of the savage watchdog on the college campus.

60.1

Anfang August trat das halb erwartete Ergebnis ein, und in den frühen Morgenstunden des dritten Tages wurde Dr. Armitage plötzlich von den wilden, grimmigen Schreien des wilden Wachhundes auf dem College-Campus geweckt.

Deep and terrible, the snarling, half-mad growls and barks continued; always in mounting volume, but with hideously significant pauses.

60.2

Das tiefe und schreckliche, knurrende, halb wahnsinnige Knurren und Bellen setzte sich fort, immer lauter werdend, aber mit schrecklich bedeutsamen Pausen.

Then there rang out a scream from a wholly different throat -

60.3

Dann ertönte ein Schrei aus einer ganz anderen Kehle -

such a scream as roused half the sleepers of Arkham and haunted their dreams ever afterward -

60.4

ein Schrei, der die Hälfte der Schläfer von Arkham aufweckte und ihre Träume für immer verfolgte -

such a scream as could come from no being born of earth, or wholly of earth.

60.5

ein Schrei, wie er von keinem Wesen stammen konnte, das auf der Erde geboren wurde oder ganz von der Erde stammt.

61.1 Armitage hastened into some clothing and rushed across the street and lawn to the college buildings, saw that others were ahead of him; and heard the echoes of a burglar-alarm still shrilling from the library.

Armitage zog sich eilig etwas an und eilte über die Straße und den Rasen zu den College-Gebäuden, sah, dass andere vor ihm waren, und hörte das Echo eines Einbrecheralarms, der noch immer aus der Bibliothek schrillte.

61.2 An open window showed black and gaping in the moonlight.

Ein offenes Fenster zeigte sich schwarz und klaffend im Mondlicht.

61.3 What had come had indeed completed its entrance; for the barking and the screaming, now fast fading into a mixed low growling and moaning, proceeded unmistakably from within.

Was gekommen war, hatte sich in der Tat Zutritt verschafft, denn das Bellen und Schreien, das nun schnell in ein leises Knurren und Stöhnen überging, kam unmissverständlich aus dem Inneren.

61.4 Some instinct warned Armitage that what was taking place was not a thing for unfortified eyes to see, so he brushed back the crowd with authority as he unlocked the vestibule door.

Ein gewisser Instinkt warnte Armitage, dass das, was sich abspielte, nicht für unbewaffnete Augen zu sehen war, und so drängte er die Menge mit Autorität zurück, als er die Tür zur Vorhalle aufschloss.

Among the others he saw Professor Warren Rice and Dr. Francis Morgan, men to whom he had told some of his conjectures and misgivings; 61.5
Unter den anderen sah er Professor Warren Rice und Dr. Francis Morgan, Männer, denen er einige seiner Vermutungen und Befürchtungen mitgeteilt hatte;

and these two he motioned to accompany him inside. 61.6
und diese beiden forderte er auf, ihn ins Haus zu begleiten.

The inward sounds, except for a watchful, droning whine from the dog, had by this time quite subsided; but Armitage now perceived with a sudden start that a loud chorus of whippoorwills among the shrubbery had commenced a damnably rhythmical piping, as if in unison with the last breath of a dying man. 61.7
Die Geräusche drinnen waren inzwischen bis auf das wachsame, dröhnende Winseln des Hundes verstummt, aber Armitage bemerkte jetzt mit einem plötzlichen Aufschrei, dass ein lauter Chor von Ziegenmelkern im Gebüsch ein verdammt rhythmisches Pfeifen angestimmt hatte, als ob er im Einklang mit dem letzten Atemzug eines Sterbenden war.

The building was full of a frightful stench which Dr. Armitage knew too well, and the three men rushed across the hall to the small genealogical reading-room whence the low whining came. 62.1
Das Gebäude war von einem fürchterlichen Gestank erfüllt, den Dr. Armitage nur zu gut kannte, und die drei Männer eilten durch den Flur in den kleinen genealogischen Lesesaal, aus dem das leise Wimmern kam.

For a second nobody dared to turn on the light; 62.2
Eine Sekunde lang traute sich niemand, das Licht einzuschalten;

62.3 **then Armitage summoned up his courage and snapped the switch.**

dann nahm Armitage seinen Mut zusammen und drückte auf den Schalter.

62.4 **One of the three - it is not certain which -**

Einer der drei - es ist nicht sicher, wer -

62.5 **shrieked aloud at what sprawled before them among disordered tables and overturned chairs.**

schrie laut auf angesichts dessen, was sich vor ihnen zwischen ungeordneten Tischen und umgeworfenen Stühlen ausbreitete.

62.6 **Professor Rice declares that he wholly lost consciousness for an instant, though he did not stumble or fall.**

Professor Rice erklärt, dass er für einen Augenblick völlig das Bewusstsein verlor, obwohl er weder stolperte noch fiel.

63.1 **The thing that lay half-bent on its side in a fetid pool of greenish-yellow ichor and tarry stickiness was almost nine feet tall, and the dog had torn off all the clothing and some of the skin.**

Das Ding, das halb auf der Seite liegend in einer stinkenden Pfütze aus grünlich-gelbem Eiter und teerartiger Klebrigkeit lag, war fast neun Fuß groß, und der Hund hatte ihm die gesamte Kleidung und einen Teil der Haut abgerissen.

It was not quite dead, but twitched silently and
spasmodically while its chest heaved in monstrous
unison with the mad piping of the expectant
whippoorwills outside.

Er war nicht ganz tot, sondern zuckte leise und krampfhaft,
während sich sein Brustkorb in monströsem Einklang mit
dem wütenden Pfeifen der erwartungsvollen Nonnenvögel
draußen hob.

Bits of shoe-leather and fragments of apparel were
scattered about the room, and just inside the window
an empty canvas sack lay where it had evidently been
thrown.

Fetzen von Schuhleder und Kleidungsstücken lagen im
Raum verstreut, und direkt vor dem Fenster lag ein leerer
Leinensack, wo er offensichtlich hingeworfen worden war.

Near the central desk a revolver had fallen, a dented
but undischarged cartridge later explaining why it
had not been fired.

Neben dem zentralen Schreibtisch war ein Revolver
heruntergefallen, und eine verbeulte, aber nicht entladene
Patrone erklärte später, warum er nicht abgefeuert worden
war.

The thing itself, however, crowded out all other
images at the time.

Die Sache selbst verdrängte jedoch in diesem Moment alle
anderen Bilder.

63.6 It would be trite and not wholly accurate to say that no human pen could describe it, but one may properly say that it could not be vividly visualized by anyone whose ideas of aspect and contour are too closely bound up with the common life-forms of this planet and of the three known dimensions.

Es wäre abgedroschen und nicht ganz zutreffend zu sagen, dass keine menschliche Feder es beschreiben könnte, aber man kann mit Fug und Recht behaupten, dass es von niemandem, dessen Vorstellungen von Aussehen und Konturen zu eng mit den gewöhnlichen Lebensformen dieses Planeten und der drei bekannten Dimensionen verbunden sind, anschaulich visualisiert werden konnte.

63.7 It was partly human, beyond a doubt, with very manlike hands and head, and the goatish, chinless face had the stamp of the Whateleys upon it.

Es war zweifellos teilweise menschlich, mit sehr menschenähnlichen Händen und Kopf, und das ziegenartige, kinnlose Gesicht trug die Handschrift der Whateleys.

63.8 But the torso and lower parts of the body were teratologically fabulous, so that only generous clothing could ever have enabled it to walk on earth unchallenged or uneradicated.

Aber der Rumpf und die unteren Teile des Körpers waren teratologisch fabelhaft, so dass nur eine großzügige Kleidung es ihm ermöglicht hätte, unbehelligt und unbesiegt auf der Erde zu wandeln.

Above the waist it was semi-anthropomorphic; 64.1
though its chest, where the dog's rending paws still
rested watchfully, had the leathery, reticulated hide
of a crocodile or alligator.
Oberhalb der Taille war er halb anthropomorph, doch auf
der Brust, wo die Pfoten des Hundes noch immer wachsam
ruhten, hatte er die lederartige, netzartige Haut eines
Krokodils oder Alligators.

The back was piebald with yellow and black, and 64.2
dimly suggested the squamous covering of certain
snakes.
Der Rücken war scheckig mit gelben und
schwarzen Flecken und erinnerte ein wenig an die
Schuppenbedeckung bestimmter Schlangen.   `

Below the waist, though, it was the worst; for here all 64.3
human resemblance left off and sheer fantasy began.
Unterhalb der Taille war es jedoch am schlimmsten, denn
hier hörte jede menschliche Ähnlichkeit auf und es begann
die reine Fantasie.

The skin was thickly covered with coarse black fur, 64.4
Die Haut war dicht mit grobem schwarzem Fell bedeckt,

and from the abdomen a score of long greenish-gray 64.5
tentacles with red sucking mouths protruded limply.
und aus dem Unterleib ragten eine Reihe langer grünlich-
grauer Tentakel mit roten Saugmäulern heraus.

Their arrangement was odd, 64.6
Ihre Anordnung war seltsam und schien den Symmetrien
einer kosmischen Geometrie zu folgen,

and seemed to follow the symmetries of some cosmic 64.7
geometry unknown to earth or the solar system.
die der Erde oder dem Sonnensystem unbekannt war.

64.8 On each of the hips, deep set in a kind of pinkish, ciliated orbit, was what seemed to be a rudimentary eye;

An jeder Hüfte befand sich tief in einer Art rosafarbener, bewimperten Augenhöhle etwas, das ein rudimentäres Auge zu sein schien;

64.9 whilst in lieu of a tail there depended a kind of trunk or feeler with purple annular markings,

anstelle eines Schwanzes hing eine Art Rüssel oder Fühler mit violetten ringförmigen Markierungen und mit vielen Anzeichen dafür,

64.10 and with many evidences of being an undeveloped mouth or throat.

dass es sich um einen unentwickelten Mund oder Rachen handelte.

64.11 The limbs, save for their black fur, roughly resembled the hind legs of prehistoric earth's giant saurians; and terminated in ridgy-veined pads that were neither hooves nor claws.

Die Gliedmaßen ähnelten, abgesehen von ihrem schwarzen Fell, in etwa den Hinterbeinen der prähistorischen Riesensaurier der Erde und endeten in löchrigen, geäderten Ballen, die weder Hufe noch Klauen waren.

64.12 When the thing breathed, its tail and tentacles rhythmically changed color, as if from some circulatory cause normal to the non-human side of its ancestry.

Wenn das Ding atmete, wechselten sein Schwanz und seine Tentakel rhythmisch die Farbe, als ob dies auf einen Kreislauf zurückzuführen wäre, der für die nichtmenschliche Seite seiner Abstammung normal ist.

In the tentacles this was observable as a deepening of the greenish tinge, whilst in the tail it was manifest as a yellowish appearance which alternated with a sickly grayish-white in the spaces between the purple rings.

64.13

Bei den Tentakeln war dies als eine Vertiefung der grünlichen Färbung zu beobachten, während der Schwanz eine gelbliche Färbung aufwies, die sich mit einem kränklichen Grauweiß in den Zwischenräumen der violetten Ringe abwechselte.

Of genuine blood there was none; only the fetid greenish-yellow ichor which trickled along the painted floor beyond the radius of the stickiness, and left a curious discoloration behind it.

64.14

Von echtem Blut war nichts zu sehen, nur der fetthaltige grünlich-gelbe Speichel, der über den Radius der Klebrigkeit hinaus auf den bemalten Boden tropfte und eine seltsame Verfärbung hinterließ.

As the presence of the three men seemed to rouse the dying thing, it began to mumble without turning or raising its head.

65.1

Als die Anwesenheit der drei Männer das sterbende Wesen zu wecken schien, begann es zu murmeln, ohne sich zu drehen oder den Kopf zu heben.

Dr. Armitage made no written record of its mouthings, but asserts confidently that nothing in English was uttered.

65.2

Dr. Armitage machte keine schriftlichen Aufzeichnungen über seine Äußerungen, behauptet aber zuversichtlich, dass nichts in englischer Sprache geäußert wurde.

65.3 At first the syllables defied all correlation with any speech of earth, but toward the last there came some disjointed fragments evidently taken from the Necronomicon, that monstrous blasphemy in quest of which the thing had perished.

Zunächst widersetzten sich die Silben jeder Zuordnung zu irgendeiner irdischen Sprache, doch gegen Ende kamen einige unzusammenhängende Fragmente, die offensichtlich dem Necronomicon entnommen waren, jener monströsen Blasphemie, auf deren Suche das Ding umgekommen war.

65.4 Those fragments, as Armitage recalls them, ran something like

Diese Fragmente, so erinnert sich Armitage, lauteten etwa so:

65.5 "N'gai, n'gha'ghaa, bugg-shoggog, y'hah; Yog-Sothoth,

"N'gai, n'gha'ghaa, bugg-shoggog, y'hah; Yog-Sothoth,

65.6 Yog- Sothoth ..."

Yog- Sothoth ..."

65.7 They trailed off into nothingness as the whippoorwills shrieked in rhythmical crescendoes of unholy anticipation.

Sie verhallten im Nichts, während die Ziegenmelker in rhythmischen Kreszenzen unheiliger Erwartung kreischten.

66.1 Then came a halt in the gasping, and the dog raised his head in a long, lugubrious howl.

Dann hörte das Keuchen auf, und der Hund hob seinen Kopf zu einem langen, düsteren Heulen.

A change came over the yellow, goatish face of the   66.2
prostrate thing, and the great black eyes fell in
appallingly.
Das gelbe, ziegenartige Gesicht des am Boden Liegenden
veränderte sich, und die großen schwarzen Augen fielen
entsetzlich zu.

Outside the window the shrilling of the   66.3
whippoorwills had suddenly ceased,
Draußen vor dem Fenster war das Kreischen der
Wasserläufer plötzlich verstummt,

and above the murmurs of the gathering crowd   66.4
there came the sound of a panic-struck whirring
and fluttering.
und über das Gemurmel der sich versammelnden Menge
erhob sich das Geräusch eines panischen Schwirrens und
Flatterns.

Against the moon vast clouds of feathery watchers   66.5
rose and raced from sight, frantic at that which they
had sought for prey.
Vor dem Mond stiegen riesige Wolken gefiederter Wächter
auf und flogen davon, verzweifelt über das, was sie zur
Beute gemacht hatten.

All at once the dog started up abruptly, gave a   67.1
frightened bark, and leaped nervously out the
window by which it had entered.
Mit einem Mal sprang der Hund abrupt auf, bellte
ängstlich und sprang nervös aus dem Fenster, durch das
er gekommen war.

67.2 A cry rose from the crowd, and Dr. Armitage shouted to the men outside that no one must be admitted till the police or medical examiner came.

Ein Aufschrei ging durch die Menge, und Dr. Armitage rief den Männern draußen zu, dass niemand eingelassen werden dürfe, bis die Polizei oder der Gerichtsmediziner kämen.

67.3 He was thankful that the windows were just too high to permit of peering in, and drew the dark curtains carefully down over each one.

Er war froh, dass die Fenster gerade so hoch waren, dass man nicht hineinschauen konnte, und zog die dunklen Vorhänge vorsichtig über jedes einzelne Fenster herunter.

67.4 By this time two policemen had arrived; and Dr. Morgan, meeting them in the vestibule, was urging them for their own sakes to postpone entrance to the stench-filled reading-room till the examiner came and the prostrate thing could be covered up.

Inzwischen waren zwei Polizisten eingetroffen, und Dr. Morgan, der ihnen im Vorraum begegnete, drängte sie in ihrem eigenen Interesse, den stinkenden Lesesaal erst zu betreten, wenn der Gerichtsmediziner eingetroffen war und der Liegende zugedeckt werden konnte.

68.1 Meanwhile frightful changes were taking place on the floor.

Währenddessen vollzogen sich auf dem Boden erschreckende Veränderungen.

68.2 One need not describe the kind and rate of shrinkage and disintegration that occurred before the eyes of Dr. Armitage and Professor Rice;

Es ist nicht nötig, die Art und das Tempo der Schrumpfung und des Zerfalls zu beschreiben, die vor den Augen von Dr. Armitage und Professor Rice stattfanden;

but it is permissible to say that, aside from the external appearance of face and hands, the really human elements in Wilbur Whateley must have been very small.

68.3

aber es ist erlaubt zu sagen, dass abgesehen von der äußeren Erscheinung von Gesicht und Händen die wirklich menschlichen Elemente in Wilbur Whateley sehr klein gewesen sein müssen.

When the medical examiner came, there was only a sticky whitish mass on the painted boards, and the monstrous odor had nearly disappeared.

68.4

Als der Gerichtsmediziner kam, befand sich nur noch eine klebrige, weißliche Masse auf den bemalten Brettern, und der monströse Geruch war fast verschwunden.

Apparently Whateley had had no skull or bony skeleton; at least,

68.5

Offenbar hatte Whateley weder einen Schädel noch ein Knochenskelett gehabt,

in any true or stable sense.

68.6

zumindest nicht in einem echten oder stabilen Sinne.

He had taken somewhat after his unknown father.

68.7

Er hatte etwas von seinem unbekannten Vater übernommen.

— 7 —

Yet all this was only the prologue of the actual Dunwich horror.

70.1

Doch all dies war nur der Prolog zum eigentlichen Dunwich-Horror.

70.2 Formalities were gone through by bewildered officials, abnormal details were duly kept from press and public, and men were sent to Dunwich and Aylesbury to look up property and notify any who might be heirs of the late Wilbur Whateley.

Verwirrte Beamte erledigten die Formalitäten, abnormale Details wurden der Presse und der Öffentlichkeit vorenthalten, und Männer wurden nach Dunwich und Aylesbury geschickt, um nach Grundstücken zu suchen und alle zu benachrichtigen, die Erben des verstorbenen Wilbur Whateley sein könnten.

70.3 They found the countryside in great agitation, both because of the growing rumblings beneath the domed hills, and because of the unwonted stench and the surging, lapping sounds which came increasingly from the great empty shell formed by Whateley's boarded-up farmhouse.

Sie fanden das Land in großer Aufregung vor, sowohl wegen des zunehmenden Grolls unter den gewölbten Hügeln als auch wegen des ungewohnten Gestanks und der wogenden, plätschernden Geräusche, die zunehmend aus der großen leeren Hülle kamen, die Whateleys mit Brettern vernageltes Bauernhaus bildete.

70.4 Earl Sawyer, who tended the horse and cattle during Wilbur's absence, had developed a wofully acute case of nerves.

Earl Sawyer, der sich während Wilburs Abwesenheit um die Pferde und das Vieh kümmerte, hatte einen beängstigenden Zustand der Nerven entwickelt.

The officials devised excuses not to enter the noisome   70.5
boarded place; and were glad to confine their survey
of the deceased's living quarters, the newly mended
sheds, to a single visit.
Die Beamten dachten sich Ausreden aus, um die lärmende
Pension nicht betreten zu müssen, und waren froh, sich auf
einen einzigen Besuch der Wohnräume des Verstorbenen,
der frisch renovierten Schuppen, beschränken zu können.

They filed a ponderous report at the court-house in   70.6
Aylesbury, and litigations concerning heirship are
said to be still in progress amongst the innumerable
Whateleys, decayed and undecayed, of the upper
Miskatonic valley.
Sie reichten einen schwerfälligen Bericht beim
Gericht in Aylesbury ein, und es heißt, dass unter den
unzähligen Whateleys des oberen Miskatonic-Tals, den
verfallenen und den nicht verfallenen, noch immer
Rechtsstreitigkeiten über die Erbschaft im Gange sind.

An almost interminable manuscript in strange   71.1
characters, written in a huge ledger and adjudged
a sort of diary because of the spacing and the
variations in ink and penmanship, presented a
baffling puzzle to those who found it on the old
bureau which served as its owner's desk.
Ein fast endloses Manuskript in seltsamen Schriftzeichen,
das in einem riesigen Buch geschrieben war und wegen der
Abstände und der Abweichungen in Tinte und Schrift als
eine Art Tagebuch angesehen wurde, gab denjenigen, die
es auf der alten Kommode fanden, die als Schreibtisch des
Besitzers diente, ein Rätsel auf.

71.2 After a week of debate it was sent to Miskatonic University, together with the deceased's collection of strange books, for study and possible translation;

Nach einer Woche Diskussion wurde es zusammen mit der Sammlung seltsamer Bücher des Verstorbenen an die Miskatonic University geschickt, um es zu studieren und möglicherweise zu übersetzen;

71.3 but even the best linguists soon saw that it was not likely to be unriddled with ease.

aber selbst die besten Sprachwissenschaftler sahen bald ein, dass es nicht mit Leichtigkeit enträtselt werden konnte.

71.4 No trace of the ancient gold with which Wilbur and Old Whateley always paid their debts has yet been discovered.

Von dem alten Gold, mit dem Wilbur und Old Whateley stets ihre Schulden bezahlten, wurde bisher keine Spur entdeckt.

72.1 It was in the dark of September ninth that the horror broke loose.

In der Dunkelheit des neunten Septembers brach das Grauen los.

72.2 The hill noises had been very pronounced during the evening,

Die Geräusche in den Hügeln waren am Abend sehr laut gewesen,

72.3 and dogs barked frantically all night.

und die ganze Nacht hindurch bellten die Hunde wie wild.

72.4 Early risers on the tenth noticed a peculiar stench in the air.

Frühaufsteher am zehnten September bemerkten einen seltsamen Gestank in der Luft.

About 7 o'clock Luther Brown, the hired boy at 72.5
George Corey's, between Cold Spring Glen and the
village, rushed frenziedly back from his morning trip
to Ten-Acre Meadow with the cows.

Gegen 7 Uhr eilte Luther Brown, der Mietjunge bei George
Corey zwischen Cold Spring Glen und dem Dorf, von
seinem morgendlichen Ausflug zur Ten-Acre Meadow mit
den Kühen hektisch zurück.

He was almost convulsed with fright as he stumbled 72.6
into the kitchen; and in the yard outside the no less
frightened herd were pawing and lowing pitifully,
having followed the boy back in the panic they
shared with him.

Als er in die Küche stolperte, hatte er fast Krämpfe vor
Schreck, und auf dem Hof draußen scharrte die nicht
minder verängstigte Herde jämmerlich, weil sie dem
Jungen in der Panik, die sie mit ihm teilte, zurück gefolgt
war.

Between gasps Luther tried to stammer out his tale to 72.7
Mrs. Corey.

Zwischen Keuchen versuchte Luther, Mrs. Corey seine
Geschichte zu stammeln.

"Up thar in the rud beyont the glen, Mis' Corey - 73.1
"Dort oben im Wald hinter der Schlucht, Mis' Corey -

they's suthin' ben thar! 73.2
dort ist etwas los!

It smells like thunder, an' all the bushes an' little 73.3
trees is pushed back from the rud like they'd a haouse
ben moved along of it.

Es riecht wie Donner, und alle Büsche und Bäumchen
sind von der Schlucht zurückgedrängt, als ob sie ein Haus
hätten, das von ihr bewegt worden wäre.

84

73.4 **An' that ain't the wust, nuther.**
Und das ist noch nicht das Schlimmste.

73.5 **They's prints in the rud, Mis' Corey -**
Es sind Abdrücke im Sumpf, Mis' Corey -

73.6 **great raound prints as big as barrel-heads, all sunk daown deep like a elephant had ben along, only they's a sight more nor four feet could make.**
große, runde Abdrücke, so groß wie Fassköpfe, alle so tief eingegraben, als wäre ein Elefant vorbeigekommen, nur dass sie viel größer sind, als vier Fuß es könnten.

73.7 **I looked at one or two afore I run, an' I see every one was covered with lines spreadin' aout from one place, like as if big palm-leaf fans — twict or three times as big as any they is — hed of ben paounded daown into the rud.**
Ich schaute mir ein oder zwei an, bevor ich loslief, und ich sah, dass alle mit Linien bedeckt waren, die sich von einer Stelle ausbreiteten, als ob große Palmblattfächer - zwei - oder dreimal so groß wie die, die sie abwarfen - in den Schlamm gepflanzt worden wären.

73.8 **An' the smell was awful,**
Und der Geruch war furchtbar,

73.9 **like what it is araound Wizard Whateley's ol' haouse ..."**
so wie in der Umgebung von Wizard Whateleys altem Haus ..."

74.1 **Here he faltered,**
Hier stockte er und schien erneut zu zittern vor dem Schreck,

and seemed to shiver afresh with the fright that had sent him flying home. 74.2

der ihn nach Hause hatte fliegen lassen.

Mrs. Corey, unable to extract more information, began telephoning the neighbors; thus starting on its rounds the overture of panic that heralded the major terrors. 74.3

Mrs. Corey, die nicht in der Lage war, weitere Informationen zu erhalten, begann, die Nachbarn anzurufen, und so begann die Ouvertüre der Panik, die den großen Schrecken ankündigte, ihre Runden zu drehen.

When she got Sally Sawyer, housekeeper at Seth Bishop's, the nearest place to Whateley's, it became her turn to listen instead of transmit; 74.4

Als sie Sally Sawyer, die Haushälterin von Seth Bishop, dem nächstgelegenen Ort zu Whateley's, erreichte, war es an ihr, zuzuhören, anstatt zu senden;

for Sally's boy Chauncey, who slept poorly, had been up on the hill toward Whateley's, and had dashed back in terror after one look at the place, and at the pasturage where Mr. Bishop's cows had been left out all night. 74.5

denn Sallys Junge Chauncey, der schlecht schlief, war auf dem Hügel in Richtung Whateley's gewesen und hatte sich nach einem Blick auf den Ort und die Weide, wo Mr. Bishops Kühe die ganze Nacht über draußen gestanden hatten, entsetzt zurückgezogen.

"Yes, Mis' Corey," came Sally's tremulous voice over the party wire, "Cha'ncey he just come back a-post-in', and couldn't haff talk fer bein' scairt! 75.1

"Ja, Mis' Corey", kam Sallys zitternde Stimme über das Telefonnetz, "Cha'ncey ist gerade von der Post zurückgekommen und konnte vor Schreck nicht sprechen!

75.2 **He says Ol'**
Er sagt, das Haus von Ol'

75.3 **Whateley's haouse is all blowed up, with the timbers scattered raound like they'd ben dynamite inside;**
Whateley ist in die Luft geflogen, und die Balken liegen überall verstreut, als ob sie mit Dynamit gesprengt worden wären;

75.4 **only the bottom floor ain't through, but is all covered with a kind o' tarlike stuff that smells awful an' drips daown offen the aidges onto the graoun' whar the side timbers is blowed away.**
nur der untere Boden ist nicht durchgebrochen, sondern mit einem teerähnlichen Zeug bedeckt, das fürchterlich riecht und von den Stützpfeilern auf den Boden tropft, wo die Seitenbalken weggesprengt wurden.

75.5 **An' they's awful kinder marks in the yard, tew — great raound marks bigger raound than a hogshead, an' all sticky with stuff like is on the blowed-up haouse.**
Und auf dem Hof sind furchtbare Flecken, große, runde Flecken, größer als ein Schweinskopf, und alle klebrig mit dem Zeug, wie es auf dem gesprengten Haus ist.

75.6 **Cha'ncey he says they leads off into the medders, whar a great swath wider'n a barn is matted daown, an' all the stun walls tumbled every which way wherever it goes.**
Cha'ncey sagt, dass sie in die Medders führen, wo ein großer Streifen, breiter als eine Scheune, verfilzt ist und alle Wände in alle Richtungen umgestürzt sind, wohin auch immer es geht.

"An' he says, says he, Mis' Corey, as haow he sot to
look fer Seth's caows, frighted ez he was; an' faound
'em in the upper pasture nigh the Devil's Hop Yard in
an awful shape.

"Und er sagt, sagt er, Mis' Corey, wie er vor Schreck nach
Seths Kühen suchen musste und sie auf der oberen Weide
in der Nähe des Devil's Hop Yard in einem furchtbaren
Zustand gefunden hat.

Haff on 'em's clean gone, an' nigh haff o' them
that's left is sucked most dry o' blood, with sores
on 'em like they's ben on Whateley's cattle ever senct
Lavinny's black brat was born.

Die Hälfte von ihnen ist tot, und fast die Hälfte, die noch
übrig ist, ist blutleer, und sie haben Wunden, wie sie seit
der Geburt von Lavinnys schwarzem Balg an Whateleys
Vieh waren.

Seth he's gone aout naow to look at 'em, though
I'll vaow he wun't keer ter git very nigh Wizard
Whateley's!

Seth ist nicht mehr da, um sie zu sehen, aber ich wette,
dass er nicht in die Nähe von Wizard Whateley's kommen
würde!

Cha'ncey didn't look keerful ter see whar the big
matted-daown swath led arter it leff the pasturage,
but he says he thinks it p'inted towards the glen rud
to the village.

Cha'ncey hat nicht genau hingesehen, wohin der große,
verfilzte Schwaden führte, nachdem er die Weide verlassen
hatte, aber er sagt, er glaubt, dass er in Richtung des Tals
und des Dorfes führte.

77.1 "I tell ye, Mis' Corey, they's suthin' abroad as hadn't orter be abroad, an' I fer one think that black Wilbur Whateley, as come to the bad eend he desarved, is at the bottom of the breedin' of it.

"Ich sage Ihnen, Mis' Corey, es gibt Dinge im Ausland, die nicht im Ausland sein sollten, und ich glaube, dass der schwarze Wilbur Whateley, der so schlimm geworden ist, wie er es verdient hat, die Ursache dafür ist.

77.2 He wa'n't all human hisself, I allus says to everybody; an' I think he an' Ol' Whateley must a raised suthin' in that there nailed-up haouse as ain't even so human as he was.

Er war selbst nicht ganz menschlich, das sage ich jedem, und ich glaube, er und der alte Whateley haben in dem vernagelten Haus etwas großgezogen, das nicht einmal so menschlich ist wie er selbst.

77.3 They's allus ben unseen things araound Dunwich — livin' things — as ain't human an' ain't good fer human folks.

Es gibt unsichtbare Dinge rund um Dunwich - lebende Dinge, die nicht menschlich sind und nicht gut für Menschen sind.

78.1 "The graoun' was a'talkin' lass night, an' towards mornin' Cha'ncey he heerd the whippoorwills so laoud in Col' Spring Glen he couldn't sleep none.

"Der Graun' redete die ganze Nacht, und gegen Morgen hörte Cha'ncey die Schwalben in Col' Spring Glen so laut, dass er nicht mehr schlafen konnte.

Then he thought he heerd another faintlike saound over towards Wizard Whateley's — a kinder rippin' or tearin' o' wood, like some big box or crate was bein' opened fur off.

78.2

Dann glaubte er, drüben bei Wizard Whateley noch ein anderes Geräusch zu hören, ein Rütteln oder Reißen von Holz, als ob eine große Kiste geöffnet würde.

What with this an' that, he didn't git to sleep at all till sunup, an' no sooner was he up this mornin', but he's got to go over to Whateley's an' see what's the matter.

78.3

Wegen all dem konnte er bis zum Sonnenaufgang nicht schlafen, und als er heute Morgen aufstand, musste er gleich zu Whateley gehen und nachsehen, was los war.

He see enough, I tell ye, Mis' Corey!

78.4

Er hat genug gesehen, Mis' Corey!

This dun't mean no good, an' I think as all the men-folks ought to git up a party an' do suthin'.

78.5

Das hat nichts Gutes zu bedeuten, und ich finde, alle Männer sollten sich zusammentun und etwas tun.

I know suthin' awful's abaout, an' feel my time is nigh, though only Gawd knows jest what it is.

78.6

Ich weiß, dass etwas Schreckliches im Gange ist, und ich fühle, dass meine Zeit nahe ist, obwohl nur Gott weiß, was es ist.

"Did your Luther take accaount o' whar them big tracks led tew?

79.1

"Hat Euer Luther mitbekommen, wohin die großen Spuren führen?

No?

79.2

Nein?

79.3 Wal, Mis' Corey, ef they was on the glen rud this side o' the glen, an' ain't got to your haouse yet, I calc'late they must go into the glen itself.

Nun, Mis' Corey, wenn sie auf der Schlucht auf dieser Seite der Schlucht waren und noch nicht bis zu eurem Haus gekommen sind, dann müssen sie in die Schlucht selbst gehen.

79.4 They would do that. I allus says Col'

Das würden sie tun. Ich sage nur, dass Col'

79.5 Spring Glen ain't no healthy nor decent place.

Spring Glen kein gesunder und anständiger Ort ist.

79.6 The whippoorwills an' fireflies there never did act like they was creaters o' Gawd, an' they's them as says ye kin hear strange things a-rushin' an' a-talkin' in the air daown thar ef ye stand in the right place, atween the rock falls an' Bear's Den."

Die Zaunkönige und Glühwürmchen dort haben sich nie so verhalten, als wären sie Schöpfer Gottes, und sie sind es, die sagen, dass man dort unten in der Luft seltsame Dinge rauschen und sprechen hören kann, wenn man an der richtigen Stelle steht, zwischen den Felsenfällen und Bear's Den."

By that noon fully three-quarters of the men and boys of Dunwich were trooping over the roads and meadows between the new-made Whateley ruins and Cold Spring Glen; examining in horror the vast, monstrous prints, the maimed Bishop cattle, the strange, noisome wreck of the farmhouse, and the bruised, matted vegetation of the fields and road-sides.

An diesem Mittag liefen drei Viertel der Männer und Jungen von Dunwich über die Straßen und Wiesen zwischen den neu errichteten Whateley-Ruinen und Cold Spring Glen und betrachteten entsetzt die riesigen, monströsen Abdrücke, das verstümmelte Vieh von Bishop, das seltsame, geräuschvolle Wrack des Bauernhauses und die zerquetschte, verfilzte Vegetation der Felder und Straßenränder.

Whatever had burst loose upon the world had assuredly gone down into the great sinister ravine;

81.2

Was auch immer über die Welt hereingebrochen war, es war mit Sicherheit in die große, unheimliche Schlucht hinabgestürzt;

for all the trees on the banks were bent and broken,

81.3

denn alle Bäume am Ufer waren gebogen und gebrochen,

and a great avenue had been gouged in the precipice-hanging underbrush.

81.4

und eine große Allee war in das abgrundtiefe Unterholz gegraben worden.

It was as though a house, launched by an avalanche, had slid down through the tangled growths of the almost vertical slope.

81.5

Es sah aus, als wäre ein Haus, das von einer Lawine ausgelöst worden war, durch das Gewirr des fast senkrechten Hanges hinuntergerutscht.

81.6 From below no sound came, but only a distant, undefinable fetor;

Von unten kam kein Geräusch, sondern nur ein fernes, undefinierbares Fetor;

81.7 and it is not to be wondered at that the men preferred to stay on the edge and argue, rather than descend and beard the unknown Cyclopean horror in its lair.

und es ist nicht verwunderlich, dass die Männer es vorzogen, am Rande zu bleiben und zu streiten, anstatt hinabzusteigen und den unbekannten Zyklopenschreck in seiner Höhle zu ertragen.

81.8 Three dogs that were with the party had barked furiously at first, but seemed cowed and reluctant when near the glen.

Drei Hunde, die die Gruppe begleiteten, hatten zunächst wütend gebellt, schienen aber in der Nähe der Schlucht eingeschüchtert und unwillig zu sein.

81.9 Someone telephoned the news to the Aylesbury Transcript; but the editor, accustomed to wild tales from Dunwich, did no more than concoct a humorous paragraph about it; an item soon afterward reproduced by the Associated Press.

Jemand meldete die Nachricht telefonisch dem Aylesbury Transcript, doch der Redakteur, der an wilde Geschichten aus Dunwich gewöhnt war, verfasste lediglich einen humorvollen Absatz darüber; ein Artikel, der bald darauf von der Associated Press übernommen wurde.

82.1 That night everyone went home,

In dieser Nacht gingen alle nach Hause,

and every house and barn was barricaded as stoutly as possible.

82.2

und alle Häuser und Scheunen wurden so gut wie möglich verbarrikadiert.

Needless to say, no cattle were allowed to remain in open pasturage.

82.3

Natürlich durfte kein Vieh auf der offenen Weide bleiben.

About 2 in the morning a frightful stench and the savage barking of the dogs awakened the household at Elmer Frye's, on the eastern edge of Cold Spring Glen, and all agreed that they could hear a sort of muffled swishing or lapping sound from somewhere outside.

82.4

Gegen 2 Uhr morgens wurden die Bewohner von Elmer Fryes Haus am östlichen Rand von Cold Spring Glen von einem fürchterlichen Gestank und wildem Hundegebell geweckt, und alle waren sich einig, dass sie eine Art gedämpftes Rauschen oder Plätschern von irgendwoher hörten.

Mrs. Frye proposed telephoning the neighbors, and Elmer was about to agree when the noise of splintering wood burst in upon their deliberations.

82.5

Mrs. Frye schlug vor, die Nachbarn anzurufen, und Elmer wollte gerade zustimmen, als das Geräusch von splitterndem Holz in ihre Überlegungen hineinplatzte.

It came, apparently, from the barn; and was quickly followed by a hideous screaming and stamping amongst the cattle.

82.6

Es kam offenbar aus der Scheune und wurde schnell von einem grässlichen Geschrei und Getrampel unter dem Vieh gefolgt.

82.7 **The dogs slavered and crouched close to the feet of the fear-numbed family.**

Die Hunde sabberten und kauerten dicht vor den Füßen der von Angst betäubten Familie.

82.8 **Frye lit a lantern through force of habit, but knew it would be death to go out into that black farmyard.**

Frye zündete aus Gewohnheit eine Laterne an, wusste aber, dass es den Tod bedeuten würde, in diesen schwarzen Hof hinauszugehen.

82.9 **The children and the women-folk whimpered, kept from screaming by some obscure, vestigial instinct of defense which told them their lives depended on silence.**

Die Kinder und die Frauen wimmerten und wurden durch einen obskuren, verkümmerten Abwehrinstinkt davon abgehalten zu schreien, der ihnen sagte, dass ihr Leben von der Stille abhing.

82.10 **At last the noise of the cattle subsided to a pitiful moaning, and a great snapping, crashing, and crackling ensued.**

Endlich ging der Lärm des Viehs in ein klägliches Stöhnen über, und es folgte ein lautes Schnappen, Krachen und Knacken.

82.11 **The Fryes, huddled together in the sitting-room, did not dare to move until the last echoes died away far down in Cold Spring Glen.**

Die Fryes, die im Wohnzimmer zusammengekauert saßen, wagten nicht, sich zu bewegen, bis die letzten Echos weit unten im Cold Spring Glen verklungen waren.

Then, amidst the dismal moans from the stable   82.12
and the demoniac piping of late whippoorwills in
the glen, Selina Frye tottered to the telephone and
spread what news she could of the second phase of
the horror.

Dann, inmitten des düsteren Stöhnens aus dem Stall und
des dämonischen Pfeifens der späten Ziegenmelker in der
Schlucht, wankte Selina Frye zum Telefon und verbreitete,
was sie von der zweiten Phase des Schreckens erfahren
konnte.

The next day all the countryside was in a panic; and   83.1
cowed, uncommunicative groups came and went
where the fiendish thing had occurred.

Am nächsten Tag war das ganze Land in Panik, und
verängstigte, unkommunikative Gruppen gingen dort
ein und aus, wo das Ungeheuerliche geschehen war.

Two titan swaths of destruction stretched from the   83.2
glen to the Frye farmyard, monstrous prints covered
the bare patches of ground, and one side of the old
red barn had completely caved in.

Zwei riesige Schneisen der Verwüstung erstreckten sich
von der Schlucht bis zum Frye-Hof, monströse Abdrücke
bedeckten die kahlen Stellen des Bodens, und eine Seite der
alten roten Scheune war völlig eingestürzt.

Of the cattle, only about a quarter could be found and   83.3
identified.

Von den Rindern konnte nur etwa ein Viertel gefunden und
identifiziert werden.

Some of these were in curious fragments, and all that   83.4
survived had to be shot.

Einige von ihnen lagen in seltsamen Fragmenten vor, und
alle, die überlebt hatten, mussten erschossen werden.

83.5 Earl Sawyer suggested that help be asked from Aylesbury or Arkham, but others maintained it would be of no use.

Earl Sawyer schlug vor, Hilfe aus Aylesbury oder Arkham anzufordern, aber andere meinten, das würde nichts nützen.

83.6 Old Zebulon Whateley, of a branch that hovered about half-way between soundness and decadence, made darkly wild suggestions about rites that ought to be practised on the hilltops.

Der alte Zebulon Whateley, der einem Zweig angehörte, der auf halbem Weg zwischen Gesundheit und Dekadenz schwebte, machte düster-wilde Vorschläge über Riten, die auf den Hügeln praktiziert werden sollten.

83.7 He came of a line where tradition ran strong,

Er stammte aus einer traditionsreichen Familie,

83.8 and his memories of chantings in the great stone circles were not altogether connected with Wilbur and his grandfather.

und seine Erinnerungen an die Gesänge in den großen Steinkreisen waren nicht nur mit Wilbur und seinem Großvater verbunden.

84.1 Darkness fell upon a stricken countryside too passive to organize for real defense.

Die Dunkelheit brach über eine geschundene Landschaft herein, die zu passiv war, um sich für eine echte Verteidigung zu organisieren.

84.2 In a few cases closely related families would band together and watch in the gloom under one roof;

In einigen wenigen Fällen schlossen sich eng miteinander verwandte Familien zusammen und hielten in der Dunkelheit unter einem Dach Wache;

but, in general there was only a repetition of 84.3
the barricading of the night before, and a futile,
ineffective gesture of loading muskets and setting
pitchforks handily about.

aber im Allgemeinen wiederholte sich nur die
Verbarrikadierung der vorangegangenen Nacht und das
vergebliche, unwirksame Laden von Musketen und das
Aufstellen von Heugabeln in der Hand.

Nothing, however, occurred except some hill noises; 84.4
and when the day came there were many who hoped
that the new horror had gone as swiftly as it had
come.

Außer ein paar Geräuschen auf den Hügeln geschah jedoch
nichts, und als der Tag anbrach, hofften viele, dass der
neue Schrecken so schnell verschwunden war, wie er
gekommen war.

There were even bold souls who proposed an 84.5
offensive expedition down in the glen, though they
did not venture to set an actual example to the still
reluctant majority.

Es gab sogar kühne Seelen, die eine offensive Expedition
in die Schlucht vorschlugen, obwohl sie es nicht wagten,
an der immer noch zögernden Mehrheit ein Exempel zu
statuieren.

When night came again the barricading was repeated, 85.1
though there was less huddling together of families.

Als die Nacht hereinbrach, wiederholten sich die
Verbarrikadierungen, obwohl sich die Familien weniger
zusammenkauerten.

85.2 In the morning both the Frye and the Seth Bishop households reported excitement among the dogs and vague sounds and stenches from afar,

Am Morgen berichteten sowohl die Frye - als auch die Seth-Bishop-Familie von Aufregung unter den Hunden und von vagen Geräuschen und Gestank aus der Ferne,

85.3 while early explorers noted with horror a fresh set of the monstrous tracks in the road skirting Sentinel Hill.

während frühe Forscher mit Entsetzen eine neue Reihe von monströsen Spuren auf der Straße um den Sentinel Hill herum feststellten.

85.4 As before, the sides of the road showed a bruising indicative of the blasphemously stupendous bulk of the horror; whilst the conformation of the tracks seemed to argue a passage in two directions, as if the moving mountain had come from Cold Spring Glen and returned to it along the same path.

Wie zuvor wiesen die Straßenränder Druckstellen auf, die auf die blasphemisch gewaltige Masse des Schreckens hindeuteten, während die Beschaffenheit der Spuren auf einen Durchgang in zwei Richtungen hinzudeuten schien, als wäre der sich bewegende Berg von Cold Spring Glen gekommen und auf demselben Weg dorthin zurückgekehrt.

85.5 At the base of the hill a thirty-foot swath of crushed shrubbery and saplings led steeply upward, and the seekers gasped when they saw that even the most perpendicular places did not deflect the inexorable trail.

Am Fuß des Hügels führte eine dreißig Fuß breite Schneise aus zertretenen Sträuchern und Schösslingen steil nach oben, und die Suchenden keuchten, als sie sahen, dass selbst die senkrechtesten Stellen die unerbittliche Spur nicht ablenken konnten.

Whatever the horror was, it could scale a sheer stony cliff of almost complete verticality; and as the investigators climbed around to the hill's summit by safer routes they saw that the trail ended — or rather, reversed — there.

85.6

Was auch immer das Grauen war, es konnte eine steinige, fast senkrechte Klippe erklimmen, und als die Ermittler auf sichereren Wegen zum Gipfel des Hügels kletterten, sahen sie, dass die Spur dort endete - oder besser gesagt, umkehrte.

It was here that the Whateleys used to build their hellish fires and chant their hellish rituals by the table-like stone on May Eve and Hallowmass.

86.1

Hier pflegten die Whateleys ihre höllischen Feuer zu entfachen und ihre höllischen Rituale am Maifeiertag und zu Halloween an dem tischähnlichen Stein zu zelebrieren.

Now that very stone formed the center of a vast space thrashed around by the mountainous horror, whilst upon its slightly concave surface was a thick fetid deposit of the same tarry stickiness observed on the floor of the ruined Whateley farmhouse when the horror escaped.

86.2

Jetzt bildete eben dieser Stein das Zentrum eines riesigen Raumes, der von dem bergigen Grauen umhergewirbelt wurde, und auf seiner leicht konkaven Oberfläche befand sich eine dicke, stinkende Ablagerung derselben teerartigen Klebrigkeit, die man auf dem Boden des zerstörten Whateley-Bauernhauses beobachtet hatte, als das Grauen entkam.

Men looked at one another and muttered.

86.3

Die Männer sahen sich an und murmelten.

Then they looked down the hill.

86.4

Dann schauten sie den Hügel hinunter.

86.5 **Apparently the horror had descended by a route much the same as that of its ascent.**
Offensichtlich war das Grauen auf demselben Weg hinabgestiegen wie hinauf.

86.6 **To speculate was futile.**
Spekulationen waren zwecklos.

86.7 **Reason, logic, and normal ideas of motivation stood confounded.**
Vernunft, Logik und normale Motivationsvorstellungen waren durcheinander gebracht.

86.8 **Only old Zebulon, who was not with the group, could have done justice to the situation or suggested a plausible explanation.**
Nur der alte Zebulon, der nicht bei der Gruppe war, hätte der Situation gerecht werden oder eine plausible Erklärung vorschlagen können.

87.1 **Thursday night began much like the others,**
Die Donnerstagnacht begann ähnlich wie die anderen,

87.2 **but it ended less happily.**
endete aber weniger erfreulich.

87.3 **The whippoorwills in the glen had screamed with such unusual persistence that many could not sleep, and about 3 a. m. all the party telephones rang tremulously.**
Die Ziegenmelker in der Schlucht hatten mit solch ungewöhnlicher Ausdauer geschrien, dass viele nicht schlafen konnten, und gegen 3 Uhr morgens klingelten alle Telefone der Gruppe beängstigend.

Those who took down their receivers heard a fright-mad voice shriek out:

87.4

Diejenigen, die den Hörer abnahmen, hörten eine verängstigte Stimme schreien:

"Help, oh, my Gawd! ..."

87.5

"Hilfe, oh mein Gott! ..."

and some thought a crashing sound followed the breaking off of the exclamation.

87.6

und einige glaubten, dass ein krachendes Geräusch dem Abbruch des Ausrufs folgte.

There was nothing more.

87.7

Mehr war nicht zu hören.

No one dared do anything, and no one knew till morning whence the call came.

87.8

Niemand wagte etwas zu tun, und niemand wusste bis zum Morgen, woher der Ruf kam.

Then those who had heard it called everyone on the line, and found that only the Fryes did not reply.

87.9

Diejenigen, die ihn gehört hatten, riefen alle in der Leitung an und stellten fest, dass nur die Fryes nicht geantwortet hatten.

The truth appeared an hour later,

87.10

Die Wahrheit kam eine Stunde später ans Licht,

when a hastily assembled group of armed men trudged out to the Frye place at the head of the glen.

87.11

als eine eilig zusammengestellte Gruppe bewaffneter Männer zum Haus der Fryes am Ende der Schlucht stapfte.

It was horrible, yet hardly a surprize.

87.12

Es war entsetzlich, aber kaum eine Überraschung.

87.13 There were more swaths and monstrous prints,
Es gab noch mehr Schwaden und monströse Abdrücke,

87.14 but there was no longer any house.
aber es gab kein Haus mehr.

87.15 It had caved in like an egg-shell,
Es war eingestürzt wie eine Eierschale,

87.16 and amongst the ruins nothing living or dead could be discovered -
und in den Trümmern war weder etwas Lebendiges noch etwas Totes zu entdecken -

87.17 only a stench and a tarry stickiness.
nur ein Gestank und eine teerige Klebrigkeit.

87.18 The Elmer Fryes had been erased from Dunwich.
Die Elmer Fryes waren aus Dunwich ausgelöscht worden.

— 8 —

89.1 In the meantime a quieter yet even more spiritually poignant phase of the horror had been blackly unwinding itself behind the closed door of a shelf-lined room in Arkham.
In der Zwischenzeit hatte sich hinter der verschlossenen Tür eines mit Regalen ausgekleideten Raumes in Arkham eine leisere, aber geistig noch ergreifendere Phase des Grauens abgespielt.

The curious manuscript record or diary of Wilbur   89.2
Whateley, delivered to Miskatonic University for
translation, had caused much worry and bafflement
among the experts in languages both ancient and
modern;

Das merkwürdige Manuskript oder Tagebuch von Wilbur
Whateley, das der Miskatonic University zur Übersetzung
übergeben worden war, hatte unter den Experten für
alte und moderne Sprachen viel Unruhe und Verwirrung
gestiftet;

its very alphabet, notwithstanding a general   89.3
resemblance to the heavily shaded Arabic used in
Mesopotamia, being absolutely unknown to any
available authority.

das Alphabet selbst war trotz einer allgemeinen
Ähnlichkeit mit dem in Mesopotamien verwendeten,
stark schattierten Arabisch allen verfügbaren Autoritäten
völlig unbekannt.

The final conclusion of the linguists was that the text   89.4
represented an artificial alphabet, giving the effect
of a cipher; though none of the usual methods of
cryptographic solution seemed to furnish any clue,
even when applied on the basis of every tongue the
writer might conceivably have used.

Die Sprachwissenschaftler kamen schließlich zu dem
Schluss, dass es sich bei dem Text um ein künstliches
Alphabet handelt, das die Wirkung einer Chiffre
hat, obwohl keine der üblichen kryptographischen
Lösungsmethoden einen Anhaltspunkt zu liefern schien,
selbst wenn man sie auf der Grundlage aller Sprachen
anwendet, die der Verfasser verwendet haben könnte.

89.5 The ancient books taken from Whateley's quarters, while absorbingly interesting and in several cases promising to open up new and terrible lines of research among philosophers and men of science, were of no assistance whatever in this matter.

Die alten Bücher, die aus Whateleys Quartier mitgenommen wurden, waren zwar fesselnd interessant und versprachen in mehreren Fällen, neue und schreckliche Forschungslinien unter Philosophen und Wissenschaftlern zu eröffnen, waren aber in dieser Angelegenheit keine Hilfe.

89.6 One of them, a heavy tome with an iron clasp, was in another unknown alphabet — this one of a very different cast, and resembling Sanskrit more than anything else.

Eines der Bücher, ein schwerer Wälzer mit eisernem Verschluss, war in einem anderen unbekannten Alphabet geschrieben, das ganz anders beschaffen war und mehr an Sanskrit erinnerte als alles andere.

89.7 The old ledger was at length given wholly into the charge of Dr. Armitage, both because of his peculiar interest in the Whateley matter, and because of his wide linguistic learning and skill in the mystical formulæ of antiquity and the Middle Ages.

Das alte Buch wurde schließlich ganz in die Obhut von Dr. Armitage gegeben, sowohl wegen seines besonderen Interesses an der Whateley-Sache als auch wegen seiner umfassenden sprachlichen Kenntnisse und Fähigkeiten in den mystischen Formeln des Altertums und des Mittelalters.

Armitage had an idea that the alphabet might be   90.1
something esoterically used by certain forbidden
cults which have come down from old times, and
which have inherited many forms and traditions
from the wizards of the Saracenic world.

Armitage hatte eine Idee, dass das Alphabet etwas
Esoterisches sein könnte, das von bestimmten verbotenen
Kulten verwendet wird, die aus alten Zeiten überliefert
sind und viele Formen und Traditionen von den Zauberern
der sarazenischen Welt übernommen haben.

That question, however, he did not deem vital; since   90.2
it would be unnecessary to know the origin of the
symbols if, as he suspected, they were used as a
cipher in a modern language.

Diese Frage hielt er jedoch nicht für entscheidend, denn
es wäre unnötig, den Ursprung der Symbole zu kennen,
wenn sie, wie er vermutete, als Chiffre in einer modernen
Sprache verwendet würden.

It was his belief that, considering the great amount   90.3
of text involved, the writer would scarcely have
wished the trouble of using another speech than
his own, save perhaps in certain special formulæ and
incantations.

Er glaubte, dass der Schreiber in Anbetracht der großen
Textmenge kaum die Mühe auf sich genommen haben
würde, eine andere Sprache als seine eigene zu verwenden,
außer vielleicht für einige besondere Formeln und
Beschwörungen.

Accordingly he attacked the manuscript with the   90.4
preliminary assumption that the bulk of it was in
English.

Dementsprechend ging er bei der Untersuchung des
Manuskripts davon aus, dass der größte Teil des Textes
in englischer Sprache abgefasst war.

91.1 **Dr. Armitage knew, from the repeated failures of his colleagues, that the riddle was a deep and complex one, and that no simple mode of solution could merit even a trial.**

Dr. Armitage wusste aufgrund der wiederholten Misserfolge seiner Kollegen, dass das Rätsel tiefgründig und komplex war und dass eine einfache Lösung nicht einmal einen Versuch wert war.

91.2 **All through late August he fortified himself with the massed lore of cryptography, drawing upon the fullest resources of his own library, and wading night after night amidst the arcana of Trithemius' Poligraphia, Giambattista Porta's De Furtivis Literarum Notis, De Vigenere's Traité des Chiffres, Falconer's Cryptomenysis Patefacta, Davys' and Thicknesse's Eighteenth Century treatises, and such fairly modern authorities as Blair, von Marten, and Klüber's Kryptographik.**

Den ganzen späten August hindurch stärkte er sich mit dem geballten Wissen der Kryptographie, schöpfte aus dem vollen Fundus seiner eigenen Bibliothek und watete Nacht für Nacht durch die Arkana der Poligraphia von Trithemius, Giambattista Portas De Furtivis Literarum Notis, De Vigeneres Traité des Chiffres, Falconers Cryptomenysis Patefacta, Davys' und Thicknesses Abhandlungen aus dem achtzehnten Jahrhundert und so moderne Autoritäten wie Blair, von Marten und Klübers Kryptographik.

He interspersed his study of the books with attacks   91.3
on the manuscript itself, and in time became
convinced that he had to deal with one of those
subtlest and most ingenious of cryptograms, in
which many separate lists of corresponding letters
are arranged like the multiplication table, and the
message built up with arbitrary key-words known
only to the initiated.

Er verband sein Studium der Bücher mit Angriffen auf
das Manuskript selbst, und mit der Zeit kam er zu der
Überzeugung, dass er es mit einem der raffiniertesten
und ausgeklügeltsten Kryptogramme zu tun hatte, bei
dem viele separate Listen entsprechender Buchstaben
wie das Einmaleins angeordnet sind und die Botschaft
mit willkürlichen, nur dem Eingeweihten bekannten
Schlüsselwörtern aufgebaut ist.

The older authorities seemed rather more helpful   91.4
than the newer ones, and Armitage concluded
that the code of the manuscript was one of great
antiquity, no doubt handed down through a long line
of mystical experimenters.

Die älteren Autoritäten schienen hilfreicher zu sein als
die neueren, und Armitage kam zu dem Schluss, dass es
sich bei dem Code des Manuskripts um einen sehr alten
handelte, der zweifellos von einer langen Reihe mystischer
Experimentatoren überliefert wurde.

Several times he seemed near daylight,   91.5

Mehrmals schien er dem Tageslicht nahe zu sein,

only to be set back by some unforeseen obstacle.   91.6

nur um dann durch ein unvorhergesehenes Hindernis
zurückgeworfen zu werden.

91.7 **Then, as September approached, the clouds began to clear.**

Dann, als der September nahte, begannen sich die Wolken zu lichten.

91.8 **Certain letters, as used in certain parts of the manuscript, emerged definitely and unmistakably; and it became obvious that the text was indeed in English.**

Bestimmte Buchstaben, die in bestimmten Teilen des Manuskripts verwendet wurden, tauchten eindeutig und unmissverständlich auf, und es wurde klar, dass der Text tatsächlich auf Englisch war.

92.1 **On the evening of September second the last major barrier gave way,**

Am Abend des zweiten Septembers wich das letzte große Hindernis,

92.2 **and Dr. Armitage read for the first time a continuous passage of Wilbur Whateley's annals.**

und Dr. Armitage las zum ersten Mal einen zusammenhängenden Abschnitt aus Wilbur Whateleys Annalen vor.

92.3 **It was in truth a diary, as all had thought; and it was couched in a style clearly showing the mixed occult erudition and general illiteracy of the strange being who wrote it.**

Es handelte sich in Wahrheit um ein Tagebuch, wie alle vermutet hatten, und es war in einem Stil verfasst, der deutlich die Mischung aus okkulter Gelehrsamkeit und allgemeinem Analphabetismus des seltsamen Wesens zeigte, das es geschrieben hatte.

Almost the first long passage that Armitage
deciphered, an entry dated November 26, 1916,
proved highly startling and disquieting.

92.4

Fast die erste lange Passage, die Armitage entzifferte, ein
Eintrag vom 26. November 1916, erwies sich als höchst
verblüffend und beunruhigend.

It was written, he remembered, by a child of three
and a half who looked like a lad of twelve or thirteen.

92.5

Sie wurde, wie er sich erinnerte, von einem
dreieinhalbjährigen Kind geschrieben, das wie ein zwölf -
oder dreizehnjähriger Junge aussah.

Today learned the Aklo for the Sabaoth, [it ran]
which did not like, it being answerable from the
hill and not from the air.

93.1

Heute lernte das Aklo für den Sabaoth, [es lief], was mir
nicht gefiel, da es vom Berg und nicht von der Luft aus zu
beantworten war.

That upstairs more ahead of me than I had thought it
would be, and is not like to have much earth brain.

93.2

Das oben mehr vor mir, als ich gedacht hatte, und ist nicht
wie zu haben viel Erde Gehirn.

Shot Elam Hutchins's collie Jack when he went to
bite me, and Elam says he would kill me if he dast.

93.3

Habe Elam Hutchins' Collie Jack erschossen, als er mich
beißen wollte, und Elam sagt, er würde mich umbringen,
wenn er es täte.

I guess he won't.

93.4

Ich denke, das wird er nicht.

93.5 Grandfather kept me saying the Dho formula last night, and I think I saw the inner city at the 2 magnetic poles.

Großvater ließ mich letzte Nacht die Dho-Formel sagen, und ich glaube, ich habe die innere Stadt an den beiden Magnetpolen gesehen.

93.6 I shall go to those poles when the earth is cleared off, if I can't break through with the Dho-Hna formula when I commit it.

Ich werde zu diesen Polen gehen, wenn die Erde geräumt ist, wenn ich nicht mit der Dho-Hna-Formel durchbrechen kann, wenn ich sie begehe.

93.7 They from the air told me at Sabbat that it will be years before I can clear off the earth, and I guess Grandfather will be dead then, so I shall have to learn all the angles of the planes and all the formulas between the Yr and the Nhhngr.

Sie aus der Luft sagten mir am Sabbat, dass es Jahre dauern wird, bevor ich die Erde freimachen kann, und ich vermute, dass Großvater dann tot sein wird, also werde ich alle Winkel der Ebenen und alle Formeln zwischen dem Yr und dem Nhhngr lernen müssen.

93.8 They from outside will help,

Die von draußen werden helfen,

93.9 but they can not take body without human blood.

aber sie können keinen Körper ohne menschliches Blut nehmen.

93.10 That upstairs looks it will have the right cast.

Das Obergeschoss sieht aus, als hätte es die richtige Form.

I can see it a little when I make the Yoorish sign or blow the power of Ibn Ghazi at it, and it is near like them at May Eve on the Hill. 93.11

Ich kann es ein wenig sehen, wenn ich das Yoorish-Zeichen mache oder die Kraft von Ibn Ghazi darauf blase, und es ist fast wie sie am Maifeiertag auf dem Hügel.

The other face may wear off some. 93.12

Das andere Gesicht mag etwas abnehmen.

I wonder how I shall look when the earth is cleared and there are no earth beings on it. 93.13

Ich frage mich, wie ich wohl aussehen werde, wenn die Erde gereinigt ist und es keine Erdenwesen mehr auf ihr gibt.

He that came with the Aklo Sabaoth said I may be transfigured, there being much of outside to work on. 93.14

Er, der mit dem Aklo Sabaoth kam, sagte, ich könnte verklärt werden, da es draußen viel zu bearbeiten gibt.

Morning found Dr. Armitage in a cold sweat of terror and a frenzy of wakeful concentration. 94.1

Der Morgen fand Dr. Armitage in kaltem Angstschweiß und wacher Konzentration.

He had not left the manuscript all night, but sat at his table under the electric light turning page after page with shaking hands as fast as he could decipher the cryptic text. 94.2

Er hatte das Manuskript die ganze Nacht nicht aus der Hand gelegt, sondern saß an seinem Tisch unter dem elektrischen Licht und blätterte mit zitternden Händen Seite um Seite, so schnell er den kryptischen Text entziffern konnte.

94.3 He had nervously telephoned his wife he would not be home, and when she brought him a breakfast from the house he could scarcely dispose of a mouthful.

Nervös hatte er seiner Frau telefonisch mitgeteilt, dass er nicht nach Hause kommen würde, und als sie ihm ein Frühstück aus dem Haus brachte, konnte er kaum einen Bissen zu sich nehmen.

94.4 All that day he read on, now and then halted maddeningly as a reapplication of the complex key became necessary.

Den ganzen Tag über las er weiter, ab und zu hielt er inne, weil er den komplizierten Schlüssel erneut anwenden musste.

94.5 Lunch and dinner were brought him,

Mittag - und Abendessen wurden ihm gebracht,

94.6 but he ate only the smallest fraction of either.

aber er aß nur den kleinsten Teil von beidem.

94.7 Toward the middle of the next night he drowsed off in his chair, but soon woke out of a tangle of nightmares almost as hideous as the truths and menaces to man's existence that he had uncovered.

Gegen Mitte der nächsten Nacht schlief er in seinem Sessel ein, erwachte aber bald aus einem Gewirr von Albträumen, die fast so schrecklich waren wie die Wahrheiten und Bedrohungen für die menschliche Existenz, die er aufgedeckt hatte.

95.1 On the morning of September fourth Professor Rice and Dr. Morgan insisted on seeing him for a while, and departed trembling and ashen-gray.

Am Morgen des vierten Septembers bestanden Professor Rice und Dr. Morgan darauf, ihn eine Weile zu sehen, und reisten zitternd und aschgrau ab.

That evening he went to bed, but slept only fitfully.   95.2
An diesem Abend ging er zu Bett, schlief aber nur unruhig.

Wednesday — the next day — he was back at the   95.3
manuscript, and began to take copious notes both
from the current sections and from those he had
already deciphered.
Am Mittwoch, dem nächsten Tag, arbeitete er wieder an
dem Manuskript und begann, sich umfangreiche Notizen
zu machen, sowohl zu den aktuellen Abschnitten als auch
zu denen, die er bereits entschlüsselt hatte.

In the small hours of that night he slept a little in an   95.4
easy-chair in his office,
In den frühen Morgenstunden dieser Nacht schlief er ein
wenig in einem bequemen Sessel in seinem Büro,

but was at the manuscript again before dawn.   95.5
war aber noch vor Sonnenaufgang wieder am Manuskript.

Some time before noon his physician, Dr. Hartwell,   95.6
called to see him and insisted that he cease work.
Kurz vor Mittag suchte ihn sein Arzt, Dr. Hartwell, auf und
bestand darauf, dass er seine Arbeit einstellte.

He refused, intimating that it was of the most vital   95.7
importance for him to complete the reading of the
diary, and promising an explanation in due course of
time.
Er weigerte sich mit dem Hinweis, dass es für ihn von
größter Wichtigkeit sei, die Lektüre des Tagebuchs
abzuschließen, und versprach, zu gegebener Zeit eine
Erklärung abzugeben.

96.1 That evening, just as twilight fell, he finished his terrible perusal and sank back exhausted.

An diesem Abend, als die Dämmerung hereinbrach, beendete er seine schreckliche Lektüre und sank erschöpft zurück.

96.2 His wife, bringing his dinner, found him in a half-comatose state;

Seine Frau, die ihm das Abendessen brachte, fand ihn in einem halbkomatösen Zustand vor;

96.3 but he was conscious enough to warn her off with a sharp cry when he saw her eyes wander toward the notes he had taken.

er war jedoch bei Bewusstsein genug, um sie mit einem scharfen Schrei zu warnen, als er sah, wie ihr Blick zu den Notizen wanderte, die er gemacht hatte.

96.4 Weakly rising, he gathered up the scribbled papers and sealed them all in a great envelope, which he immediately placed in his inside coat pocket.

Schwach erhob er sich, sammelte die gekritzelten Papiere ein und verschloss sie in einem großen Umschlag, den er sofort in die Innentasche seines Mantels steckte.

96.5 He had sufficient strength to get home, but was so clearly in need of medical aid that Dr. Hartwell was summoned at once.

Er hatte noch genügend Kraft, um nach Hause zu gehen, brauchte aber offensichtlich so dringend ärztliche Hilfe, dass Dr. Hartwell sofort gerufen wurde.

96.6 As the doctor put him to bed he could only mutter over and over again,

Als der Arzt ihn ins Bett legte, konnte er nur immer wieder murmeln,

"But what, in God's name, can we do?"   96.7
"Aber was, in Gottes Namen, können wir tun?"

Dr. Armitage slept,   97.1
Dr. Armitage schlief,

but was partly delirious the next day.   97.2
war aber am nächsten Tag teilweise im Delirium.

He made no explanations to Hartwell,   97.3
Er gab Hartwell gegenüber keine Erklärungen ab,

but in his calmer moments spoke of the imperative   97.4
need of a long conference with Rice and Morgan.
sprach aber in seinen ruhigeren Momenten von der
dringenden Notwendigkeit einer langen Konferenz mit
Rice und Morgan.

His wilder wanderings were very startling indeed,   97.5
including frantic appeals that something in a
boarded-up farmhouse be destroyed, and fantastic
references to some plan for the extirpation of the
entire human race and all animal and vegetable life
from the earth by some terrible elder race of beings
from another dimension.
Seine wilden Ausschweifungen waren in der Tat sehr
verblüffend, einschließlich verzweifelter Appelle, etwas
in einem mit Brettern verkleideten Bauernhaus zu
zerstören, und phantastischer Hinweise auf einen Plan
zur Ausrottung der gesamten menschlichen Rasse und
allen tierischen und pflanzlichen Lebens auf der Erde
durch eine schreckliche ältere Rasse von Wesen aus einer
anderen Dimension.

97.6 He would shout that the world was in danger, since the Elder Things wished to strip it and drag it away from the solar system and cosmos of matter into some other plane or phase of entity from which it had once fallen, vigintillions of eons ago.

Er schrie, dass die Welt in Gefahr sei, da die Älteren Dinge sie aus dem Sonnensystem und dem Kosmos der Materie herausreißen und in eine andere Ebene oder Phase der Entität ziehen wollten, aus der sie einst, vor zig Millionen Äonen, gefallen war.

97.7 At other times he would call for the dreaded Necronomicon and the Dæmonolatreia of Remigius, in which he seemed hopeful of finding some formula to check the peril he conjured up.

Zu anderen Zeiten rief er nach dem gefürchteten Necronomicon und den Dæmonolatreia des Remigius, in denen er hoffte, eine Formel zu finden, um die von ihm beschworene Gefahr zu bannen.

98.1 "Stop them, stop them!" he would shout.

"Haltet sie auf, haltet sie auf!", rief er.

98.2 "Those Whateleys meant to let them in,

"Diese Whateleys wollten sie hereinlassen,

98.3 and the worst of all is left!

und das Schlimmste von allem ist noch übrig!

98.4 Tell Rice and Morgan we must do something -

Sag Rice und Morgan, dass wir etwas tun müssen -

it's a blind business, but I know how to make the powder ...It hasn't been fed since the second of August, when Wilbur came here to his death, and at that rate ..."

es ist eine blinde Angelegenheit, aber ich weiß, wie man das Pulver herstellt ...Seit dem zweiten August, als Wilbur hier zu Tode kam, ist es nicht mehr gefüttert worden, und bei diesem Tempo ..."

But Armitage had a sound physique despite his seventy-three years,

Aber Armitage war trotz seiner dreiundsiebzig Jahre körperlich gesund und schlief in dieser Nacht seine Erkrankung aus,

and slept off his disorder that night without developing any real fever.

ohne ein echtes Fieber zu entwickeln.

He woke late Friday, clear of head, though sober, with a gnawing fear and tremendous sense of responsibility.

Er wachte am späten Freitag auf, klar im Kopf, aber nüchtern, mit einer nagenden Angst und einem enormen Gefühl der Verantwortung.

Saturday afternoon he felt able to go over to the library and summon Rice and Morgan for a conference, and the rest of that day and evening the three men tortured their brains in the wildest speculation and the most desperate debate.

Am Samstagnachmittag fühlte er sich in der Lage, in die Bibliothek zu gehen und Rice und Morgan zu einer Besprechung zusammenzurufen, und den Rest des Tages und des Abends quälten sich die drei Männer mit den wildesten Spekulationen und den verzweifeltsten Debatten.

99.5 **Strange and terrible books were drawn voluminously from the stack shelves and from secure places of storage,**
Seltsame und schreckliche Bücher wurden massenhaft aus den Regalen und aus sicheren Aufbewahrungsorten geholt,

99.6 **and diagrams and formulæ were copied with feverish haste and in bewildering abundance.**
und Diagramme und Formeln wurden in fieberhafter Eile und in verwirrender Fülle kopiert.

99.7 **Of skepticism there was none.**
Von Skepsis war nichts zu spüren.

99.8 **All three had seen the body of Wilbur Whateley as it lay on the floor in a room of that very building, and after that not one of them could feel even slightly inclined to treat the diary as a madman's raving.**
Alle drei hatten die Leiche von Wilbur Whateley gesehen, wie sie in einem Raum des Gebäudes auf dem Boden lag, und danach war keiner von ihnen auch nur im Geringsten geneigt, das Tagebuch für das Geschwätz eines Verrückten zu halten.

100.1 **Opinions were divided as to notifying the Massachusetts State Police, and the negative finally won.**
Die Meinungen waren geteilt, was die Benachrichtigung der Staatspolizei von Massachusetts betraf, und die Ablehnung gewann schließlich.

There were things involved which simply could not be believed by those who had not seen a sample, as indeed was made clear during certain subsequent investigations. _{100.2}

Es waren Dinge im Spiel, die von denen, die keine Probe gesehen hatten, einfach nicht geglaubt werden konnten, wie sich bei einigen späteren Untersuchungen herausstellte.

Late at night the conference disbanded without having developed a definite plan, but all day Sunday Armitage was busy comparing formulæ and mixing chemicals obtained from the college laboratory. _{100.3}

Am späten Abend löste sich die Konferenz auf, ohne dass ein konkreter Plan entwickelt worden war, aber den ganzen Sonntag über war Armitage damit beschäftigt, Formeln zu vergleichen und Chemikalien aus dem Labor des Colleges zu mischen.

The more he reflected on the hellish diary, the more he was inclined to doubt the efficacy of any material agent in stamping out the entity which Wilbur Whateley had left behind him - _{100.4}

Je mehr er über das höllische Tagebuch nachdachte, desto mehr war er geneigt, die Wirksamkeit jedes materiellen Mittels zu bezweifeln, um die Entität auszurotten, die Wilbur Whateley hinterlassen hatte -

the earth-threatening entity which, unknown to him, was to burst forth in a few hours and become the memorable Dunwich horror. _{100.5}

die erdbedrohende Entität, die, ohne dass er es wusste, in wenigen Stunden hervorbrechen und zu dem denkwürdigen Dunwich-Horror werden sollte.

101.1 Monday was a repetition of Sunday with Dr. Armitage,

Der Montag war eine Wiederholung des Sonntags mit Dr. Armitage,

101.2 for the task in hand required an infinity of research and experiment.

denn die anstehende Aufgabe erforderte unendlich viele Untersuchungen und Experimente.

101.3 Further consultations of the monstrous diary brought about various changes of plan, and he knew that even in the end a large amount of uncertainty must remain.

Weitere Konsultationen des monströsen Tagebuchs brachten verschiedene Planänderungen mit sich, und er wusste, dass auch am Ende ein großer Teil der Ungewissheit bestehen bleiben musste.

101.4 By Tuesday he had a definite line of action mapped out,

Am Dienstag hatte er einen genauen Plan und glaubte,

101.5 and believed he would try a trip to Dunwich within a week.

dass er innerhalb einer Woche eine Reise nach Dunwich unternehmen würde.

101.6 Then, on Wednesday, the great shock came.

Dann, am Mittwoch, kam der große Schock.

Tucked obscurely away in a corner of the Arkham Advertiser was a facetious little item from the Associated Press, telling what a record-breaking monster the bootleg whisky of Dunwich had raised up.

In einer Ecke des Arkham Advertiser war ein kleiner Artikel der Associated Press versteckt, in dem von einem rekordverdächtigen Monstrum die Rede war, das die Whiskyschmuggler von Dunwich hervorgebracht hatten.

Armitage, half stunned, could only telephone for Rice and Morgan.

Armitage, halb fassungslos, konnte nur nach Rice und Morgan telefonieren.

Far into the night they discussed,

Bis tief in die Nacht diskutierten sie,

and the next day was a whirlwind of preparation on the part of them all.

und der nächste Tag war für alle ein Wirbelwind der Vorbereitung.

Armitage knew he would be meddling with terrible powers, yet saw that there was no other way to annul the deeper and more malign meddling which others had done before him.

Armitage wusste, dass er sich mit schrecklichen Mächten einlassen würde, doch er sah ein, dass es keine andere Möglichkeit gab, die tieferen und bösartigeren Einmischungen, die andere vor ihm vorgenommen hatten, rückgängig zu machen.

— 9 —

103.1 Friday morning Armitage, Rice and Morgan set out by motor for Dunwich, arriving at the village about 1 in the afternoon.

Am Freitagmorgen machten sich Armitage, Rice und Morgan mit dem Auto auf den Weg nach Dunwich und erreichten das Dorf gegen 1 Uhr nachmittags.

103.2 The day was pleasant, but even in the brightest sunlight a kind of quiet dread and portent seemed to hover about the strangely domed hills and the deep, shadowy ravines of the stricken region.

Der Tag war angenehm, aber selbst im hellsten Sonnenlicht schienen die seltsam gewölbten Hügel und die tiefen, schattigen Schluchten der geschundenen Region von einer Art stillem Schrecken und Vorahnung umweht zu sein.

103.3 Now and then on some mountain top a gaunt circle of stones could be glimpsed against the sky.

Ab und zu konnte man auf einem Berggipfel einen mageren Steinkreis gegen den Himmel erahnen.

103.4 From the air of hushed fright at Osborn's store they knew something hideous had happened, and soon learned of the annihilation of the Elmer Frye house and family.

In Osborns Laden herrschte stille Angst, denn sie wussten, dass etwas Schreckliches passiert war, und erfuhren bald, dass das Haus und die Familie von Elmer Frye vernichtet worden waren.

Throughout that afternoon they rode around   103.5
Dunwich, questioning the natives concerning all
that had occurred, and seeing for themselves with
rising pangs of horror the drear Frye ruins with
their lingering traces of the tarry stickiness, the
blasphemous tracks in the Frye yard, the wounded
Seth Bishop cattle, and the enormous swaths of
disturbed vegetation in various places.

Im Laufe des Nachmittags ritten sie um Dunwich herum,
befragten die Einheimischen zu den Geschehnissen und
sahen mit wachsendem Entsetzen die trostlosen Frye-
Ruinen mit den verbleibenden Spuren der teerhaltigen
Klebrigkeit, die lästerlichen Spuren im Frye-Hof, die
verwundeten Rinder von Seth Bishop und die riesigen
Schwaden zerstörter Vegetation an verschiedenen Stellen.

The trail up and down Sentinel Hill seemed to   103.6
Armitage of almost cataclysmic significance,

Der Weg den Sentinel Hill hinauf und hinunter schien
Armitage von fast katastrophaler Bedeutung zu sein,

and he looked long at the sinister altarlike stone on   103.7
the summit.

und er betrachtete lange den unheimlichen altarähnlichen
Stein auf dem Gipfel.

At length the visitors, apprised of a party of State   104.1
Police which had come from Aylesbury that morning
in response to the first telephone reports of the Frye
tragedy, decided to seek out the officers and compare
notes as far as practicable.

Schließlich erfuhren die Besucher von einer Gruppe der
Staatspolizei, die an diesem Morgen als Reaktion auf die
ersten telefonischen Meldungen über die Frye-Tragödie aus
Aylesbury gekommen war, und beschlossen, die Beamten
aufzusuchen und, soweit dies möglich war, ihre Angaben
zu vergleichen.

104.2 This, however, they found more easily planned than performed; since no sign of the party could be found in any direction.

Dies war jedoch leichter geplant als durchgeführt, da in keiner Richtung eine Spur der Gruppe zu finden war.

104.3 There had been five of them in a car,

Sie waren zu fünft in einem Wagen gewesen,

104.4 but now the car stood empty near the ruins in the Frye yard.

der nun aber leer in der Nähe der Ruinen im Frye-Hof stand.

104.5 The natives, all of whom had talked with the policemen, seemed at first as perplexed as Armitage and his companions.

Die Eingeborenen, die alle mit den Polizisten gesprochen hatten, schienen zunächst ebenso ratlos zu sein wie Armitage und seine Begleiter.

104.6 Then old Sam Hutchins thought of something and turned pale, nudging Fred Farr and pointing to the dank, deep hollow that yawned close by.

Dann fiel dem alten Sam Hutchins etwas ein, er wurde blass, stupste Fred Farr an und deutete auf die feuchte, tiefe Höhle, die in der Nähe gähnte.

"Gawd," he gasped, "I telled 'em not ter go daown
into the glen, an' I never thought nobody'd
dew it with them tracks an' that smell an' the
whippoorwills a-screechin' daown thar in the dark o'
noonday ..."

"Gott", keuchte er, "ich habe ihnen gesagt, dass sie nicht
in die Schlucht hinuntergehen sollen, und ich hätte nie
gedacht, dass es jemand bei diesen Spuren und diesem
Geruch und den Ziegenmelkern, die dort unten in der
Mittagsdunkelheit kreischen, träumen würde ..."

A cold shudder ran through natives and visitors alike,
and every ear seemed strained in a kind of instinctive,
unconscious listening.

Ein kalter Schauer durchlief Einheimische und Besucher
gleichermaßen, und jedes Ohr schien in einer Art
instinktivem, unbewusstem Lauschen angespannt zu
sein.

Armitage, now that he had actually come upon the
horror and its monstrous work, trembled with the
responsibility he felt to be his.

Armitage, der nun tatsächlich auf das Grauen und
sein monströses Werk gestoßen war, zitterte vor der
Verantwortung, die er für sich selbst empfand.

Night would soon fall,
Bald würde die Nacht hereinbrechen,

and it was then that the mountainous blasphemy
lumbered upon its eldritch course.

und dann würde die bergige Blasphemie ihren
unheimlichen Lauf nehmen.

106.5 Negotium perambulans in tenebris ...The old librarian rehearsed the formulæ he had memorized, and clutched the paper containing the alternative ones he had not memorized.

Negotium perambulans in tenebris ...Der alte Bibliothekar wiederholte die Formeln, die er auswendig gelernt hatte, und umklammerte das Papier mit den alternativen Formeln, die er sich nicht gemerkt hatte.

106.6 He saw that his electric flashlight was in working order.

Er vergewisserte sich, dass seine elektrische Taschenlampe funktionstüchtig war.

106.7 Rice, beside him, took from a valise a metal sprayer of the sort used in combating insects; whilst Morgan uncased the big-game rifle on which he relied despite his colleague's warnings that no material weapon would be of help.

Rice, der neben ihm stand, holte aus einer Reisetasche ein Metallspray, wie man es bei der Insektenbekämpfung verwendet, während Morgan das Großwildgewehr auspackte, auf das er sich trotz der Warnungen seines Kollegen, dass keine materielle Waffe helfen würde, verließ.

107.1 Armitage, having read the hideous diary, knew painfully well what kind of a manifestation to expect, but he did not add to the fright of the Dunwich people by giving any hints or clues.

Armitage, der das grässliche Tagebuch gelesen hatte, wusste sehr genau, welche Art von Erscheinung zu erwarten war, aber er trug nicht dazu bei, die Menschen in Dunwich zu verängstigen, indem er irgendwelche Hinweise oder Andeutungen machte.

He hoped that it might be conquered without any revelation to the world of the monstrous thing it had escaped. 107.2

Er hoffte, dass es besiegt werden konnte, ohne dass die Welt von dem Ungeheuerlichen erfuhr, dem es entkommen war.

As the shadows gathered, the natives commenced to disperse homeward, anxious to bar themselves indoors despite the present evidence that all human locks and bolts were useless before a force that could bend trees and crush houses when it chose. 107.3

Als die Schatten immer dichter wurden, begannen die Einheimischen, sich nach Hause zu zerstreuen, bestrebt, sich in ihren Häusern einzuschließen, obwohl sie wussten, dass alle menschlichen Schlösser und Riegel nutzlos waren gegen eine Kraft, die Bäume umknicken und Häuser zerdrücken konnte, wenn sie wollte.

They shook their heads at the visitors' plan to stand guard at the Frye ruins near the glen; and as they left, had little expectancy of ever seeing the watchers again. 107.4

Sie schüttelten den Kopf über den Plan der Besucher, bei den Frye-Ruinen in der Nähe der Schlucht Wache zu halten, und als sie gingen, hatten sie wenig Hoffnung, die Wächter jemals wiederzusehen.

There were rumblings under the hills that night, 108.1

In dieser Nacht rumpelte es unter den Hügeln,

and the whippoorwills piped threateningly. 108.2

und die Ziegenmelker zwitscherten bedrohlich.

108.3 Once in a while a wind, sweeping up out of Cold
Spring Glen, would bring a touch of ineffable fetor to
the heavy night air;

Ab und zu brachte ein Wind, der aus dem Cold Spring Glen
herauffegte, einen Hauch von unbeschreiblichem Fetor in
die schwere Nachtluft;

108.4 such a fetor as all three of the watchers had smelled
once before, when they stood above a dying thing
that had passed for fifteen years and a half as a
human being.

einen Fetor, wie ihn alle drei Wächter schon einmal
gerochen hatten, als sie über einem sterbenden Ding
standen, das fünfzehneinhalb Jahre lang als Mensch
durchgegangen war.

108.5 But the looked-for terror did not appear.

Doch der ersehnte Schrecken blieb aus.

108.6 Whatever was down there in the glen was biding its
time, and Armitage told his colleagues it would be
suicidal to try to attack it in the dark.

Was auch immer dort unten in der Schlucht war, wartete
auf seine Zeit, und Armitage erklärte seinen Kollegen,
dass es selbstmörderisch wäre, zu versuchen, es in der
Dunkelheit anzugreifen.

109.1 Morning came wanly, and the night-sounds ceased.

Der Morgen kam schwach, und die Nachtgeräusche
verstummten.

109.2 It was a gray, bleak day, with now and then a drizzle
of rain; and heavier and heavier clouds seemed
to be piling themselves up beyond the hills to the
northwest.

Es war ein grauer, trüber Tag, an dem es ab und zu nieselte,
und hinter den Hügeln im Nordwesten schienen sich
immer schwerere Wolken aufzutürmen.

The men from Arkham were undecided what to do. 109.3

Die Männer aus Arkham waren unschlüssig, was sie tun
sollten.

Seeking shelter from the increasing rainfall beneath 109.4
one of the few undestroyed Frye outbuildings, they
debated the wisdom of waiting, or of taking the
aggressive and going down into the glen in quest of
their nameless, monstrous quarry.

Sie suchten Schutz vor dem zunehmenden Regen unter
einem der wenigen unzerstörten Nebengebäude der
Fryes und überlegten, ob es klüger sei, zu warten oder die
Aggressivität zu nutzen und in die Schlucht hinabzusteigen,
um ihre namenlose, monströse Beute zu suchen.

The downpour waxed in heaviness, 109.5

Der Regen nahm an Heftigkeit zu,

and distant peals of thunder sounded from far 109.6
horizons.

und entfernte Donnerschläge ertönten vom fernen
Horizont.

Sheet lightning shimmered, and then a forky bolt 109.7
flashed near at hand, as if descending into the
accursed glen itself.

Blitze zuckten, und dann blitzte in unmittelbarer Nähe ein
Blitz auf, als ob er in die verfluchte Schlucht hinabstiege.

The sky grew very dark, and the watchers hoped that 109.8
the storm would prove a short, sharp one followed by
clear weather.

Der Himmel verdunkelte sich, und die Beobachter hofften,
dass das Gewitter nur kurz und heftig sein würde, um dann
wieder aufzuklaren.

110.1 It was still gruesomely dark when, not much over an hour later, a confused babel of voices sounded down the road.

Es war noch immer stockdunkel, als eine gute Stunde später ein verwirrtes Stimmengewirr die Straße entlang zu hören war.

110.2 Another moment brought to view a frightened group of more than a dozen men, running, shouting, and even whimpering hysterically.

In einem weiteren Augenblick war eine verängstigte Gruppe von mehr als einem Dutzend Männern zu sehen, die rannten, schrien und sogar hysterisch wimmerten.

110.3 Someone in the lead began sobbing out words, and the Arkham men started violently when those words developed a coherent form.

Jemand an der Spitze begann, Worte zu schluchzen, und die Arkham-Männer zuckten heftig zusammen, als diese Worte eine zusammenhängende Form annahmen.

111.1 "Oh, my Gawd, my Gawd!"

"Oh, mein Gott, mein Gott!"

111.2 the voice choked out; "it's a-goin' agin, an' this time by day!

rief die Stimme, "es geht wieder los, und diesmal bei Tag!

111.3 It's aout — it's aout an' a-movin' this very minute, an' only the Lord knows when it'll be on us all!"

Es ist unterwegs, es ist unterwegs und es bewegt sich in dieser Minute, und nur der Herr weiß, wann es uns alle treffen wird!"

112.1 The speaker panted into silence,

Der Redner verstummte,

but another took up his message.

113.2.2

aber ein anderer griff seine Botschaft auf.

"Nigh on a haour ago Zeb Whateley here heerd the
'phone a-ringin', an' it was Mis' Corey, George's wife
that lives daown by the junction.

113.1

"Vor fast einer Stunde hörte Zeb Whateley hier das Telefon
klingeln, und es war Mis' Corey, Georges Frau, die unten an
der Kreuzung wohnt.

She says the hired boy Luther was aout drivin' in the
caows from the storm arter the big bolt, when he see
all the trees a-bendin' at the maouth o' the glen -

113.2

Sie sagt, der Mietjunge Luther sei gerade dabei gewesen,
die Spuren des Sturms nach dem großen Blitz einzuziehen,
als er alle Bäume an der Mündung der Schlucht -

opposite side ter this -

113.3

auf der gegenüberliegenden Seite -

an' smelt the same awful smell like he smelt when he
faound the big tracks las' Monday mornin'.

113.4

umknicken sah und denselben schrecklichen Geruch roch,
den er am Montagmorgen gerochen hatte, als er die großen
Spuren entdeckte.

An' she says he says they was a swishin', lappin'
saound, more nor what the bendin' trees an' bushes
could make, an' all on a suddent the trees along the
rud begun ter git pushed one side, an' they was a
awful stompin' an' splashin' in the mud.

113.5

Und sie sagt, dass er sagt, dass sie zischend und läppisch
klangen, mehr als das, was die gebogenen Bäume und
Büsche machen konnten, und auf einmal fingen die Bäume
entlang des Weges an, zur Seite geschoben zu werden, und
es war ein schreckliches Getrampel und Geplätscher im
Schlamm.

113.6 But mind ye, Luther he didn't see nothin' at all, only jest the bendin' trees an' underbrush.

Aber Luther sah überhaupt nichts, nur die sich biegenden Bäume und das Unterholz.

114.1 "Then fur ahead where Bishop's Brook goes under the rud he heerd a awful creakin' an' strainin' on the bridge, an' says he could tell the saound o' wood a-startin' to crack an' split.

"Dann hörte er weiter vorne, wo der Bishop's Brook unter dem Ruder durchfließt, ein schreckliches Knarren und Dehnen auf der Brücke und sagte, er könne sehen, wie das Holz anfängt zu knacken und zu splittern.

114.2 An' all the whiles he never see a thing, only them trees an' bushes a-bendin'.

Und die ganze Zeit über sah er nichts, nur die Bäume und Büsche, die sich bogen.

114.3 An' when the swishin' saound got very fur off -

Und als das zischende Geräusch ganz weit weg war -

114.4 on the rud towards Wizard Whateley's an' Sentinel Hill -

auf dem Ruder in Richtung Wizard Whateley's und Sentinel Hill -

114.5 Luther he had the guts ter step up whar he'd heerd it fust an' look at the graound.

hatte Luther den Mut, dorthin zu gehen, wo er es zuerst gehört hatte, und sich das Gelände anzusehen.

It was all mud an' water, an' the sky was dark, an' 114.6
the rain was wipin' aout all tracks abaout as fast as
could be;

Es war alles voller Schlamm und Wasser, und der Himmel
war dunkel, und der Regen wischte alle Spuren so schnell
wie möglich weg;

but beginnin' at the glen maouth, whar the trees bed 114.7
moved, they was still some o' them awful prints big
as bar'ls like he seen Monday."

aber ab der Schluchtmündung, wo sich die Bäume
bewegten, gab es immer noch einige dieser schrecklichen
Abdrücke, groß wie Balken, wie er sie am Montag gesehen
hatte."

At this point the first excited speaker interrupted. 115.1

An dieser Stelle unterbricht der erste aufgeregte Redner.

"But that ain't the trouble naow - that was only the 116.1
start.

"Aber das ist jetzt nicht das Problem - das war nur der
Anfang.

Zeb here was callin' folks up an' everybody was a- 116.2
listenin' in when a call from Seth Bishop's cut in.

Zeb hier rief die Leute zusammen und alle hörten zu, als ein
Anruf von Seth Bishop kam.

His haousekeeper Sally was carryin' on fit ter kill - 116.3

Sally, seine Haushälterin, war gerade dabei, die Bäume zu
töten -

116.4 she'd jest seed the trees a-bendin' beside the rud, an'
says they was a kind o' mushy saound, like a elephant
puffin' an' treadin', a-headin' fer the haouse.

sie hatte gerade gesehen, wie sich die Bäume neben dem
Fluss bogen, und sagte, sie hätten einen matschigen Klang,
wie ein Elefant, der schnauft und tritt und auf das Haus
zusteuert.

116.5 Then she up an' spoke suddent of a fearful smell, an'
says her boy Cha'ncey was a-screamin' as haow it
was jest like what he smelt up to the Whateley rewins
Monday mornin'.

Dann stand sie auf und sprach plötzlich von einem
furchtbaren Geruch und sagte, ihr Junge Cha'ncey habe
geschrien, es sei genau wie das, was er am Montagmorgen
bei den Whateley Rewins gerochen habe.

116.6 An' the dogs was all barkin' an' whinin' awful.

Und die Hunde haben alle gebellt und furchtbar gewinselt.

117.1 "An' then she let aout a turrible yell, an' says the shed
daown the rud hed jest caved in like the storm hed
blowed it over, only the wind wa'n't strong enough to
dew that.

"Dann stieß sie einen furchtbaren Schrei aus und sagte,
der Schuppen da unten sei einfach eingestürzt, als ob der
Sturm ihn umgeweht hätte, nur sei der Wind nicht stark
genug gewesen, um das zu tauen.

117.2 Everybody was a-listenin', an' ye could hear lots o'
folks on the wire a-gaspin'.

Alle hörten zu, und man konnte viele Leute am Draht
hören, die sich aufregten.

All to onct Sally she yelled agin, an' says the front   117.3
yard picket fence bed jest crumpled up, though they
wa'n't no sign o' what done it.

Sally schrie noch einmal auf und sagte, dass der Zaun im
Vorgarten umgeknickt sei, obwohl es keine Anzeichen
dafür gab, was das getan hatte.

Then everybody on the line could hear Cha'ncey an'   117.4
ol' Seth Bishop a-yellin', tew, an' Sally was shriekin'
aout that suthin' heavy hed struck the haouse -

Dann konnte jeder in der Leitung hören, wie Cha'ncey und
der alte Seth Bishop schrien, und Sally schrie, dass etwas
Schweres in das Haus eingeschlagen sei -

not lightnin' nor nothin', but suthin' heavy agin'   117.5
the front, that kep' a-launchin' itself agin an'
agin, though ye couldn't see nuthin' aout the front
winders.

kein Blitz und auch sonst nichts, aber etwas Schweres an
der Vorderseite, das sich immer wieder aufbäumte, obwohl
man an den vorderen Fenstern nichts sehen konnte.

An' then ...an' then ..."   117.6

Und dann ...und dann ..."

Lines of fright deepened on every face; and Armitage,   118.1
shaken as he was, had barely poise enough to prompt
the speaker.

Auf allen Gesichtern vertieften sich die Schreckensfalten,
und Armitage, erschüttert wie er war, konnte sich kaum
beherrschen, um den Redner aufzufordern.

"An' then ...   119.1

"Und dann ...

119.2 **Sally she yelled aout, 'O help, the haouse is a-cavin' in' ...**
Sally schrie: 'Oh, Hilfe, das Haus bricht ein' ...

119.3 **an' on the wire we could hoar a turrible crashin', an' a hull flock o' screamin' ...**
und auf dem Draht hörten wir ein schreckliches Krachen und einen Haufen Schreie ...

119.4 **jest like when Elmer Frye's place was took, only wuss ..."**
genau wie damals, als Elmer Fryes Haus eingenommen wurde, nur wuss ..."

120.1 **The man paused,**
Der Mann hielt inne,

120.2 **and another of the crowd spoke.**
und ein anderer aus der Menge ergriff das Wort.

121.1 **"That's all -**
"Das ist alles -

121.2 **not a saound nor squeak over the 'phone arter that.**
kein Laut, kein Quietschen am Telefon.

121.3 **Jest still-like.**
Jest still-like.

We that heerd it got aout Fords an' wagons an' raounded up as many able-bodied men-folks as we could get, at Corey's place, an' come up here ter see what yew thought best ter dew.

121.4

Wir, die wir das gehört haben, haben Fords und Wagen geholt und so viele fähige Leute, wie wir kriegen konnten, bei Corey zusammengetrommelt und sind hierhergekommen, um zu sehen, was ihr für das Beste haltet.

Not but what I think it's the Lord's judgment fer our iniquities, that no mortal kin ever set aside."

121.5

Ich glaube nur, dass es das Urteil des Herrn für unsere Sünden ist, das kein Sterblicher jemals aufheben kann."

Armitage saw that the time for positive action had come, and spoke decisively to the faltering group of frightened rustics.

122.1

Armitage erkannte, dass die Zeit für positive Maßnahmen gekommen war, und sprach entschlossen zu der zögernden Gruppe verängstigter Landbewohner.

"We must follow it, boys."

123.1

"Wir müssen ihm folgen, Jungs."

He made his voice as reassuring as possible.

123.2

Seine Stimme klang so beruhigend wie möglich.

"I believe there's a chance of putting it out of business.

123.3

"Ich glaube, es gibt eine Chance, es aus dem Verkehr zu ziehen.

You men know that those Whateleys were wizards -

123.4

Ihr wisst, dass die Whateleys Zauberer waren -

123.5 **well, this thing is a thing of wizardry, and must be put down by the same means.**

nun, auch dieses Ding ist eine Sache der Zauberei und muss mit denselben Mitteln zur Strecke gebracht werden.

123.6 **I've seen Wilbur Whateley's diary and read some of the strange old books he used to read, and I think I know the right kind of a spell to recite to make the thing fade away.**

Ich habe Wilbur Whateleys Tagebuch gesehen und einige der seltsamen alten Bücher gelesen, die er zu lesen pflegte, und ich glaube, ich kenne den richtigen Zauberspruch, den ich aufsagen kann, um das Ding verschwinden zu lassen.

123.7 **Of course, one can't be sure, but we can always take a chance.**

Natürlich kann man sich nicht sicher sein, aber wir können es ja mal versuchen.

123.8 **It's invisible - I knew it would be -**

Es ist unsichtbar - ich wusste, dass es unsichtbar sein würde -

123.9 **but there's a powder in this long-distance sprayer that might make it show up for a second.**

aber in diesem Fernzerstäuber ist ein Pulver, das es vielleicht für eine Sekunde auftauchen lässt.

123.10 **Later on we'll try it.**

Später werden wir es versuchen.

123.11 **It's a frightful thing to have alive, but it isn't as bad as what Wilbur would have let in if he'd lived longer.**

Es ist schrecklich, so etwas am Leben zu haben, aber es ist nicht so schlimm wie das, was Wilbur hereingelassen hätte, wenn er länger gelebt hätte.

You'll never know what the world has escaped.   123.12
Du wirst nie erfahren, was der Welt entgangen ist.

Now we've only this one thing to fight,   123.13
Jetzt haben wir nur noch dieses eine Ding zu bekämpfen,

and it can't multiply.   123.14
und es kann sich nicht vermehren.

It can, though, do a lot of harm; so we mustn't   123.15
hesitate to rid the community of it.
Es kann aber viel Schaden anrichten, also dürfen wir nicht
zögern, die Gemeinschaft von ihm zu befreien.

"We must follow it -   124.1
"Wir müssen ihm folgen -

and the way to begin is to go to the place that has just   124.2
been wrecked.
und der Weg, den wir einschlagen sollten, ist der zu der
Stelle, die gerade zerstört worden ist.

Let somebody lead the way -   124.3
Jemand muss uns den Weg zeigen -

I don't know your roads very well, but I've an idea   124.4
there might be a shorter cut across lots.
ich kenne eure Straßen nicht sehr gut, aber ich könnte
mir vorstellen, dass es eine kürzere Strecke über die
Grundstücke gibt.

How about it?"   124.5
Wie wäre es damit?"

125.1 The men shuffled about a moment, and then Earl Sawyer spoke softly, pointing with a grimy finger through the steadily lessening rain.

Die Männer schlurften einen Moment herum, dann sprach Earl Sawyer leise und deutete mit einem schmutzigen Finger durch den immer weniger werdenden Regen.

126.1 "I guess ye kin git to Seth Bishop's quickest by cuttin' acrost the lower medder here, wadin' the brook at the low place, an' climbin' through Carrier's mowin' an' the timber-lot beyont.

"Ich glaube, ihr kommt am schnellsten zu Seth Bishop, wenn ihr den unteren Medder hier durchquert, den Bach an der unteren Stelle überquert und dann durch Carriers Mähwerk und das angrenzende Waldstück klettert.

126.2 That comes aout on the upper rud mighty nigh Seth's -

Das kommt auf der oberen Wiese heraus, ganz in der Nähe von Seths -

126.3 a leetle t'other side."

ein bisschen auf der anderen Seite."

127.1 Armitage, with Rice and Morgan, started to walk in the direction indicated; and most of the natives followed slowly.

Armitage, Rice und Morgan begannen in die angegebene Richtung zu gehen, und die meisten Eingeborenen folgten langsam.

127.2 The sky was growing lighter, and there were signs that the storm had worn itself away.

Der Himmel hellte sich auf, und es gab Anzeichen dafür, dass sich der Sturm verzogen hatte.

When Armitage inadvertently took a wrong direction, Joe Osborn warned him and walked ahead to show the right one.

127.3

Als Armitage versehentlich eine falsche Richtung einschlug, warnte Joe Osborn ihn und ging voraus, um die richtige Richtung zu zeigen.

Courage and confidence were mounting; though the twilight of the almost perpendicular wooded hill which lay toward the end of their short cut, and among whose fantastic ancient trees they had to scramble as if up a ladder, put these qualities to a severe test.

127.4

Mut und Zuversicht nahmen zu, obwohl das Zwielicht des fast senkrechten bewaldeten Hügels, der am Ende ihrer Abkürzung lag und zwischen dessen fantastischen alten Bäumen sie wie auf einer Leiter hinaufklettern mussten, diese Eigenschaften auf eine harte Probe stellte.

At length they emerged on a muddy road to find the sun coming out.

128.1

Schließlich erreichten sie eine schlammige Straße, auf der die Sonne herauskam.

They were a little beyond the Seth Bishop place, but bent trees and hideously unmistakable tracks showed what had passed by.

128.2

Sie befanden sich ein wenig jenseits des Seth-Bishop-Ortes, aber geknickte Bäume und hässliche, unverkennbare Spuren zeigten, was hier passiert war.

Only a few moments were consumed in surveying the ruins just around the bend.

128.3

Sie brauchten nur wenige Augenblicke, um die Ruinen hinter der Kurve zu begutachten.

128.4 It was the Frye incident all over again,
Der Frye-Vorfall wiederholte sich,

128.5 and nothing dead or living was found in either of the collapsed shells which had been the Bishop house and barn.
und in den eingestürzten Hüllen des Bishop-Hauses und der Scheune waren weder Tote noch Lebende zu finden.

128.6 No one cared to remain there amidst the stench and the tarry stickiness, but all turned instinctively to the line of horrible prints leading on toward the wrecked Whateley farmhouse and the altar-crowned slopes of Sentinel Hill.
Niemand wollte dort inmitten des Gestanks und der teerigen Klebrigkeit bleiben, sondern alle wandten sich instinktiv der Linie der schrecklichen Abdrücke zu, die zum zerstörten Whateley-Farmhaus und den altargekrönten Hängen des Sentinel Hill führte.

129.1 As the men passed the site of Wilbur Whateley's abode they shuddered visibly, and seemed again to mix hesitancy with their zeal.
Als die Männer an der Stelle vorbeikamen, an der Wilbur Whateley wohnte, zitterten sie sichtlich und schienen erneut Zögern mit ihrem Eifer zu vermischen.

129.2 It was no joke tracking down something as big as a house that one could not see, but that had all the vicious malevolence of a demon.
Es war kein Spaß, etwas so Großes wie ein Haus aufzuspüren, das man nicht sehen konnte, das aber die ganze bösartige Bosheit eines Dämons hatte.

Opposite the base of Sentinel Hill the tracks left the road, and there was a fresh bending and matting visible along the broad swath marking the monster's former route to and from the summit.

129.3

Gegenüber dem Fuß des Sentinel Hill verließen die Spuren die Straße, und entlang der breiten Schneise, die den ehemaligen Weg des Ungeheuers zum und vom Gipfel markierte, war eine frische Biegung und Verfilzung sichtbar.

Armitage produced a pocket telescope of considerable power and scanned the steep green side of the hill.

130.1

Armitage holte ein Taschenfernrohr mit beachtlicher Leistung hervor und tastete die steile grüne Seite des Hügels ab.

Then he handed the instrument to Morgan,

130.2

Dann reichte er das Instrument an Morgan weiter,

whose sight was keener.

130.3

dessen Blick schärfer war.

After a moment of gazing Morgan cried out sharply,

130.4

Nach einem Moment des Betrachtens rief Morgan scharf aus,

passing the glass to Earl Sawyer and indicating a certain spot on the slope with his finger.

130.5

reichte das Glas an Earl Sawyer weiter und deutete mit dem Finger auf eine bestimmte Stelle am Hang.

Sawyer, as clumsy as most non-users of optical devices are, fumbled a while; but eventually focused the lenses with Armitage's aid.

130.6

Sawyer, so ungeschickt wie die meisten Nichtbenutzer optischer Geräte, fummelte eine Weile herum, stellte aber schließlich mit Armitages Hilfe die Linsen scharf.

130.7 **When he did so his cry was less restrained than Morgan's had been.**
Als er dies tat, war sein Schrei weniger verhalten als der von Morgan.

131.1 **"Gawd almighty, the grass an' bushes is a-movin'!**
"Allmächtiger, das Gras und die Büsche sind in Bewegung!

131.2 **It's a-goin' up — slow-like — creepin' up ter the top this minute, heaven only knows what fer!"**
Es geht bergauf, langsam, wie ein Schleicher, bis zum Gipfel, weiß der Himmel, wozu!"

132.1 **Then the germ of panic seemed to spread among the seekers.**
Dann schien sich der Keim der Panik unter den Suchenden auszubreiten.

132.2 **It was one thing to chase the nameless entity, but quite another to find it.**
Es war eine Sache, das namenlose Wesen zu jagen, aber eine ganz andere, es zu finden.

132.3 **Spells might be all right -**
Zaubersprüche mögen in Ordnung sein -

132.4 **but suppose they weren't?**
aber was, wenn sie es nicht sind?

132.5 **Voices began questioning Armitage about what he knew of the thing, and no reply seemed quite to satisfy.**
Stimmen begannen, Armitage zu befragen, was er über das Ding wisse, und keine Antwort schien zu befriedigen.

Everyone seemed to feel himself in close proximity to
phases of nature and of being utterly forbidden, 132.6
Jeder schien sich in unmittelbarer Nähe von Phasen der
Natur und des Seins zu befinden,

and wholly outside the sane experience of mankind. 132.7
die völlig verboten waren und völlig außerhalb der
normalen Erfahrung der Menschheit lagen.

— 10 —

In the end the three men from Arkham - 134.1
Schließlich stiegen die drei Männer aus Arkham -

old, white-bearded Dr. Armitage, stocky, iron-gray 134.2
Professor Rice, and lean, youngish Dr. Morgan -
der alte, weißbärtige Dr. Armitage, der stämmige,
eisengraue Professor Rice und der hagere, jugendliche
Dr. Morgan -

ascended the mountain alone. 134.3
allein auf den Berg.

After much patient instruction regarding its focusing 134.4
and use, they left the telescope with the frightened
group that remained in the road; and as they climbed
they were watched closely by those among whom the
glass was passed around.
Nach einer geduldigen Einweisung in die Fokussierung
und den Gebrauch des Teleskops überließen sie es der
verängstigten Gruppe, die auf der Straße zurückgeblieben
war, und während sie hinaufstiegen, wurden sie von
denjenigen, unter denen das Glas herumgereicht wurde,
genau beobachtet.

134.5 It was hard going,

Es war ein hartes Stück Arbeit,

134.6 and Armitage had to be helped more than once.

und Armitage musste mehr als einmal geholfen werden.

134.7 High above the toiling group the great swath trembled as its hellish maker repassed with snail-like deliberateness.

Hoch über der sich abmühenden Gruppe erbebte die große Schwade, als ihr höllischer Schöpfer mit schneckenartiger Bedachtsamkeit wieder vorbeizog.

134.8 Then it was obvious that the pursuers were gaining.

Dann war es offensichtlich, dass die Verfolger aufholten.

135.1 Curtis Whateley — of the undecayed branch — was holding the telescope when the Arkham party detoured radically from the swath.

Curtis Whateley von dem nicht verrotteten Zweig hielt das Fernrohr in der Hand, als die Arkham-Gruppe radikal vom Schwad abwich.

135.2 He told the crowd that the men were evidently trying to get to a subordinate peak which overlooked the swath at a point considerably ahead of where the shrubbery was now bending.

Er erzählte der Menge, dass die Männer offensichtlich versuchten, zu einem untergeordneten Gipfel zu gelangen, der die Schwade an einem Punkt überblickte, der deutlich vor der Stelle lag, an der sich das Gestrüpp jetzt bog.

This, indeed, proved to be true; and the party were seen to gain the minor elevation only a short time after the invisible blasphemy had passed it.

135.3

Dies erwies sich in der Tat als wahr, und man sah, wie die Gruppe die kleine Erhebung nur kurze Zeit, nachdem die unsichtbare Blasphemie sie passiert hatte, erreichte.

Then Wesley Corey, who had taken the glass, cried out that Armitage was adjusting the sprayer which Rice held, and that something must be about to happen.

136.1

Dann rief Wesley Corey, der das Glas an sich genommen hatte, dass Armitage die Sprühdose, die Rice in der Hand hielt, justierte und dass gleich etwas passieren würde.

The crowd stirred uneasily, recalling that this sprayer was expected to give the unseen horror a moment of visibility.

136.2

Die Menge regte sich unruhig, weil sie sich daran erinnerte, dass diese Sprühvorrichtung dem unsichtbaren Schrecken einen Moment der Sichtbarkeit verschaffen sollte.

Two or three men shut their eyes,

136.3

Zwei oder drei Männer schlossen die Augen,

but Curtis Whateley snatched back the telescope and strained his vision to the utmost.

136.4

aber Curtis Whateley riss das Fernrohr zurück und strengte seinen Blick bis zum Äußersten an.

He saw that Rice, from the party's point of vantage above and behind the entity, had an excellent chance of spreading the potent powder with marvelous effect.

136.5

Er sah, dass Rice vom Standpunkt der Gruppe über und hinter dem Wesen aus eine ausgezeichnete Chance hatte, das starke Pulver mit wunderbarer Wirkung zu verteilen.

137.1 Those without the telescope saw only an instant's flash of gray cloud — a cloud about the size of a moderately large building — near the top of the mountain.

Diejenigen, die das Fernrohr nicht dabei hatten, sahen nur einen kurzen Augenblick lang eine graue Wolke aufblitzen - eine Wolke von der Größe eines mittelgroßen Gebäudes in der Nähe des Berggipfels.

137.2 Curtis, who had held the instrument, dropped it with a piercing shriek into the ankle-deep mud of the road.

Curtis, der das Instrument gehalten hatte, ließ es mit einem spitzen Schrei in den knöcheltiefen Schlamm der Straße fallen.

137.3 He reeled,

Er taumelte und wäre zu Boden gestürzt,

137.4 and would have crumpled to the ground had not two or three others seized and steadied him.

wenn nicht zwei oder drei andere ihn ergriffen und gestützt hätten.

137.5 All he could do was moan half-inaudibly:

Er konnte nur noch ein halblautes Stöhnen von sich geben:

138.1 "Oh, oh, great Gawd ...that ...that ..."

"Oh, oh, großer Gott ...das ...das ..."

"Oh, oh, great Gawd ...that ...that. "   140.1
"Oh, oh, großer Gott ...das ...das. "

There was a pandemonium of questioning, and only   142.1
Henry Wheeler thought to rescue the fallen telescope
and wipe it clean of mud.
Es herrschte ein heilloses Durcheinander von Fragen, und
nur Henry Wheeler dachte daran, das heruntergefallene
Teleskop zu retten und es vom Schlamm zu befreien.

Curtis was past all coherence,   142.2
Curtis war nicht mehr kohärent,

and even isolated replies were almost too much for   142.3
him.
und selbst einzelne Antworten waren fast zu viel für ihn.

"Bigger 'n a barn ...all made o' squirmin' ropes ...   143.1
"Größer als eine Scheune ...alles aus zappelnden Seilen ...

150

143.2 hull thing sort o' shaped like a hen's egg bigger'n anything, with dozens o' legs like hogsheads that haff shut up when they step ...

ein Rumpf, geformt wie ein Hühnerei, größer als alles andere, mit Dutzenden von Beinen wie Schweineköpfe, die sich schließen, wenn sie treten ...

143.3 nothin' solid abaout it -

nichts Festes an ihm -

143.4 all like jelly, an' made o' sep'rit wrigglin' ropes pushed clost together ...great bulgin' eyes all over it ...ten or twenty maouths or trunks a-stickin' aout all along the sides, big as stovepipes, an' all a-tossin' an' openin' an' shuttin' ...all gray, with kinder blue or purple rings ...an' Gawd in Heaven -

alles wie Gelee und aus einzelnen zappelnden Seilen, die fest zusammengedrückt sind ...große wulstige Augen überall ...zehn oder zwanzig Mäuler oder Rüssel, die an den Seiten herausragen, groß wie Ofenrohre, und die sich alle auf und zu bewegen und zu öffnen und zu schließen ...alles grau, mit blauen oder violetten Ringen ...und Gott im Himmel -

143.5 that haff face on top! ..."

das Gesicht oben drauf! ..."

144.1 This final memory, whatever it was, proved too much for poor Curtis, and he collapsed completely before he could say more.

Diese letzte Erinnerung, was auch immer es war, war zu viel für den armen Curtis, und er brach völlig zusammen, bevor er mehr sagen konnte.

144.2 Fred Farr and Will Hutchins carried him to the roadside and laid him on the damp grass.

Fred Farr und Will Hutchins trugen ihn an den Straßenrand und legten ihn auf das feuchte Gras.

Henry Wheeler, trembling, turned the rescued telescope on the mountain to see what he might.

144.3

Henry Wheeler richtete zitternd das gerettete Teleskop auf den Berg, um zu sehen, was er sehen konnte.

Through the lenses were discernible three tiny figures, apparently running toward the summit as fast as the steep incline allowed.

144.4

Durch die Linsen waren drei winzige Gestalten zu erkennen, die offenbar so schnell auf den Gipfel zu rannten, wie es der steile Abhang zuließ.

Only these - nothing more.

144.5

Nur diese - mehr nicht.

Then everyone noticed a strangely unseasonable noise in the deep valley behind, and even in the underbrush of Sentinel Hill itself.

144.6

Dann bemerkten alle ein seltsam unzeitgemäßes Geräusch in dem tiefen Tal dahinter und sogar im Unterholz des Sentinel Hill selbst.

It was the piping of unnumbered whippoorwills,

144.7

Es war das Pfeifen unzähliger Ziegenmelker,

and in their shrill chorus there seemed to lurk a note of tense and evil expectancy.

144.8

und in ihrem schrillen Chor schien eine angespannte und böse Erwartung zu lauern.

145.1 Earl Sawyer now took the telescope and reported the three figures as standing on the topmost ridge, virtually level with the altar-stone but at a considerable distance from it.

Graf Sawyer nahm nun das Fernrohr und berichtete, die drei Gestalten stünden auf dem obersten Grat, praktisch auf gleicher Höhe mit dem Altarstein, aber in beträchtlicher Entfernung davon.

145.2 One figure, he said, seemed to be raising its hands above its head at rhythmic intervals;

Eine der Gestalten, so sagte er, schien in rhythmischen Abständen die Hände über den Kopf zu heben;

145.3 and as Sawyer mentioned the circumstance the crowd seemed to hear a faint, half-musical sound from the distance, as if a loud chant were accompanying the gestures.

und als Sawyer diesen Umstand erwähnte, schien die Menge aus der Ferne einen schwachen, halbmusikalischen Ton zu hören, als würde ein lauter Gesang die Gesten begleiten.

145.4 The weird silhouette on that remote peak must have been a spectacle of infinite grotesqueness and impressiveness, but no observer was in a mood for esthetic appreciation.

Die seltsame Silhouette auf dem abgelegenen Gipfel muss ein Schauspiel von unendlicher Groteske und Beeindruckung gewesen sein, aber kein Beobachter war in der Stimmung, es ästhetisch zu würdigen.

145.5 "I guess he's sayin' the spell," whispered Wheeler as he snatched back the telescope.

"Ich schätze, er sagt den Zauberspruch", flüsterte Wheeler, als er das Fernrohr zurückschnappte.

The whippoorwills were piping wildly, and in a singularly curious irregular rhythm quite unlike that of the visible ritual. 145.6

Die Zilpzalpvögel zwitscherten wild und in einem eigenartigen, unregelmäßigen Rhythmus, der sich von dem des sichtbaren Rituals deutlich unterschied.

Suddenly the sunshine seemed to lessen without the intervention of any discernible cloud. 146.1

Plötzlich schien der Sonnenschein zu schwinden, ohne dass eine erkennbare Wolke dazwischenkam.

It was a very peculiar phenomenon, 146.2

Es war ein sehr merkwürdiges Phänomen,

and was plainly marked by all. 146.3

das von allen deutlich wahrgenommen wurde.

A rumbling sound seemed brewing beneath the hills, mixed strangely with a concordant rumbling which clearly came from the sky. 146.4

Unter den Hügeln schien sich ein Grollen zusammenzubrauen, das sich auf seltsame Weise mit einem übereinstimmenden Grollen vermischte, das eindeutig vom Himmel kam.

Lightning flashed aloft, 146.5

Blitze zuckten in der Luft,

and the wondering crowd looked in vain for the portents of storm. 146.6

und die staunende Menge suchte vergeblich nach den Vorzeichen eines Gewitters.

146.7 The chanting of the men from Arkham now became unmistakable, and Wheeler saw through the glass that they were all raising their arms in the rhythmic incantation.

Die Gesänge der Männer aus Arkham wurden nun unüberhörbar, und Wheeler sah durch das Glas, dass sie alle ihre Arme im Rhythmus der Beschwörung hoben.

146.8 From some farmhouse far away came the frantic barking of dogs.

Aus einem weit entfernten Bauernhaus ertönte das hektische Bellen von Hunden.

147.1 The change in the quality of the daylight increased,

Die Qualität des Tageslichts veränderte sich zunehmend,

147.2 and the crowd gazed about the horizon in wonder.

und die Menge blickte verwundert auf den Horizont.

147.3 A purplish darkness, born of nothing more than a spectral deepening of the sky's blue, pressed down upon the rumbling hills.

Eine purpurne Dunkelheit, die nur aus einer gespenstischen Vertiefung des Himmelsblaus entstand, drückte sich auf die grollenden Hügel.

147.4 Then the lightning flashed again, somewhat brighter than before, and the crowd fancied that it had showed a certain mistiness around the altar-stone on the distant height.

Dann blitzte der Blitz wieder auf, etwas heller als zuvor, und die Menge glaubte, dass er einen gewissen Nebel um den Altarstein auf der fernen Höhe gezeigt hatte.

No one, however, had been using the telescope at that instant. 147.5

Doch niemand hatte in diesem Moment das Fernrohr benutzt.

The whippoorwills continued their irregular pulsation, and the men of Dunwich braced themselves tensely against some imponderable menace with which the atmosphere seemed surcharged. 147.6

Die Ziegenmelker setzten ihr unregelmäßiges Pulsieren fort, und die Männer von Dunwich hielten sich angespannt gegen irgendeine unwägbare Bedrohung, mit der die Atmosphäre aufgeladen zu sein schien.

Without warning came those deep, cracked, raucous vocal sounds which will never leave the memory of the stricken group who heard them. 148.1

Ohne Vorwarnung ertönten diese tiefen, knackenden, lärmenden Töne, die der betroffenen Gruppe, die sie hörte, nie aus dem Gedächtnis gehen werden.

Not from any human throat were they born, 148.2

Sie stammten nicht aus einer menschlichen Kehle,

for the organs of man can yield no such acoustic perversions. 148.3

denn die menschlichen Organe können keine derartigen akustischen Perversionen hervorbringen.

Rather would one have said they came from the pit itself, had not their source been so unmistakably the altar-stone on the peak. 148.4

Eher hätte man gesagt, sie kämen aus der Grube selbst, wäre ihre Quelle nicht so eindeutig der Altarstein auf dem Gipfel gewesen.

148.5 It is almost erroneous to call them sounds at all, since so much of their ghastly, infra-bass timbre spoke to dim seats of consciousness and terror far subtler than the ear;

Es ist fast falsch, sie überhaupt als Töne zu bezeichnen, da so viel von ihrem grässlichen, unterschwelligen Timbre zu düsteren Sitzen des Bewusstseins und des Schreckens sprach, die viel subtiler waren als das Ohr;

148.6 yet one must do so, since their form was indisputably though vaguely that of half-articulate words.

dennoch muss man es tun, denn ihre Form war unbestreitbar, wenn auch vage, die von halb artikulierten Worten.

148.7 They were loud -

Sie waren laut -

148.8 loud as the rumblings and the thunder above which they echoed -

laut wie das Grollen und der Donner, über dem sie widerhallten -

148.9 yet did they come from no visible being.

und doch kamen sie von keinem sichtbaren Wesen.

148.10 And because imagination might suggest a conjectural source in the world of non-visible beings, the huddled crowd at the mountain's base huddled still closer, and winced as if in expectation of a blow.

Und weil die Phantasie eine mutmaßliche Quelle in der Welt der unsichtbaren Wesen vermuten ließ, drängte sich die zusammengekauerte Menge am Fuß des Berges noch enger zusammen und zuckte zusammen, als erwarte sie einen Schlag.

149.1 "Ygnaiih ...ygnaiih ...thflthkh'ngha ...

"Ygnaiih ...ygnaiih ...thflthkh'ngha ...

Yog-Sothoth ..." rang the hideous croaking out of space.

149.2

Yog-Sothoth ...", schallte das grässliche Krächzen aus dem Raum.

"Y'bthnk ...h'ehye ...n'grkdl'lh ..."

149.3

"Y'bthnk ...h'ehye ...n'grkdl'lh ..."

The speaking impulse seemed to falter here,

150.1

Der Sprechimpuls schien hier ins Stocken zu geraten,

as if some frightful psychic struggle were going on.

150.2

als ob ein furchtbarer psychischer Kampf im Gange wäre.

Henry Wheeler strained his eye at the telescope, but saw only the three grotesquely silhouetted human figures on the peak, all moving their arms furiously in strange gestures as their incantation drew near its culmination.

150.3

Henry Wheeler schaute angestrengt durch das Fernrohr, sah aber nur die drei grotesk silhouettierten menschlichen Gestalten auf dem Gipfel, die alle ihre Arme in seltsamen Gesten wütend bewegten, als ihre Beschwörung sich ihrem Höhepunkt näherte.

From what black wells of Acherontic fear or feeling, from what unplumbed gulfs of extra-cosmic consciousness or obscure, long-latent heredity, were those half-articulate thunder-croakings drawn?

150.4

Aus welchen schwarzen Quellen acherontischer Furcht oder Gefühle, aus welchen unergründlichen Abgründen außerkosmischen Bewusstseins oder obskurer, lange zurückliegender Vererbung wurden diese halb artikulierten Donnerschläge geschöpft?

150.5 Presently they began to gather renewed force and coherence as they grew in stark, utter, ultimate frenzy.

In diesem Moment begannen sie an Kraft und Kohärenz zuzunehmen, während sie sich zu einer krassen, vollkommenen, ultimativen Raserei steigerten.

151.1 "Eh-ya-ya-ya-yahaah ...e'yaya-yayaaaa ...

"Eh-ya-ya-ya-yahaah ...e'yaya-yayaaaa ...

151.2 ngh'aaaa ...ngh'aaaa ...h'yuh ...h'yuh ...HELP! HELP! ...

ngh'aaaa ...ngh'aaaa ...h'yuh ...h'yuh ...HILFE! HILFE! ...

151.3 ff — ff — ff — FATHER! FATHER! YOG-SOTHOTH! ..."

ff — ff — ff — FATHER! VATER! YOG- SOTHOTH! ..."

152.1 But that was all.

Aber das war alles.

152.2 The pallid group in the road, still reeling at the indisputably English syllables that had poured thickly and thunderously down from the frantic vacancy beside that shocking altar-stone, were never to hear such syllables again.

Die bleiche Gruppe auf der Straße, die noch immer von den unbestreitbar englischen Silben erschüttert war, die dicht und donnernd aus der rasenden Leere neben dem schockierenden Altarstein herabgeflossen waren, sollte solche Silben nie wieder hören.

152.3 Instead,

Stattdessen zuckten sie heftig zusammen bei dem schrecklichen Geräusch,

they jumped violently at the terrific report which
seemed to rend the hills;

152.4

das die Hügel zu zerreißen schien;

the deafening, cataclysmic peal whose source, be it
inner earth or sky, no hearer was ever able to place.

152.5

das ohrenbetäubende, katastrophale Tosen, dessen Quelle,
ob im Inneren der Erde oder des Himmels, kein Zuhörer je
zu orten vermochte.

A single lightning bolt shot from the purple zenith to
the altar-stone,

152.6

Ein einziger Blitz schoss aus dem purpurnen Zenit zum
Altarstein,

and a great tidal wave of viewless force and
indescribable stench swept down from the hill to
all the countryside.

152.7

und eine große Flutwelle von unbeschreiblicher Kraft und
unbeschreiblichem Gestank schwappte vom Hügel auf das
ganze Land herab.

Trees, grass, and underbrush were whipped into a
fury; and the frightened crowd at the mountain's
base, weakened by the lethal fetor that seemed about
to asphyxiate them, were almost hurled off their feet.

152.8

Bäume, Gras und Gestrüpp wurden wie wild
durcheinander gewirbelt, und die verängstigte Menge
am Fuße des Berges, geschwächt durch den tödlichen Fetor,
der sie zu ersticken drohte, wurde fast von den Füßen
geschleudert.

152.9 Dogs howled from the distance, green grass and foliage wilted to a curious, sickly yellow-gray, and over field and forest were scattered the bodies of dead whippoorwills.

Hunde heulten in der Ferne, grünes Gras und Laub verwelkte zu einem seltsamen, kränklichen Gelbgrau, und über Feld und Wald waren die Körper toter Nonnenvögel verstreut.

153.1 The stench left quickly,

Der Gestank verschwand schnell,

153.2 but the vegetation never came right again.

aber die Vegetation kam nie wieder in Ordnung.

153.3 To this day there is something queer and unholy about the growths on and around that fearsome hill.

Bis zum heutigen Tag haben die Wucherungen auf und um den furchterregenden Hügel etwas Seltsames und Unheilvolles an sich.

153.4 Curtis Whateley was only just regaining consciousness when the Arkham men came slowly down the mountain in the beams of a sunlight once more brilliant and untainted.

Curtis Whateley war gerade erst wieder zu sich gekommen, als die Arkham-Männer langsam den Berg hinunterkamen, im Licht der Sonne, die wieder hell und ungetrübt schien.

153.5 They were grave and quiet,

Sie waren ernst und ruhig und schienen von noch schrecklicheren Erinnerungen und Überlegungen erschüttert zu sein als denen,

and seemed shaken by memories and reflections even more terrible than those which had reduced the group of natives to a state of cowed quivering.

153.6

die die Gruppe der Eingeborenen in einen Zustand des ängstlichen Zitterns versetzt hatten.

In reply to a jumble of questions they only shook their heads and reaffirmed one vital fact.

153.7

Auf ein Sammelsurium von Fragen schüttelten sie nur den Kopf und bekräftigten eine wesentliche Tatsache.

"The thing has gone for ever," Armitage said.

154.1

"Das Ding ist für immer verschwunden," sagte Armitage.

"It has been split up into what it was originally made of, and can never exist again.

154.2

"Es wurde in das zerlegt, woraus es ursprünglich bestand, und kann nie wieder existieren.

It was an impossibility in a normal world.

154.3

In einer normalen Welt wäre das unmöglich gewesen.

Only the least fraction was really matter in any sense we know.

154.4

Nur der kleinste Teil war wirklich Materie in einem uns bekannten Sinne.

It was like its father -

154.5

Es war wie sein Vater -

and most of it has gone back to him in some vague realm or dimension outside our material universe;

154.6

und das meiste davon ist zu ihm zurückgekehrt, in ein unbestimmtes Reich oder eine Dimension außerhalb unseres materiellen Universums;

154.7 some vague abyss out of which only the most accursed rites of human blasphemy could ever have called him for a moment on the hills."

ein unbestimmter Abgrund, aus dem ihn nur die verfluchtesten Riten menschlicher Blasphemie jemals für einen Moment auf die Hügel hätten rufen können."

155.1 There was a brief silence, and in that pause the scattered senses of poor Curtis Whateley began to knit back into a sort of continuity; so that he put his hands to his head with a moan.

Es herrschte eine kurze Stille, und in dieser Pause begannen sich die verstreuten Sinne des armen Curtis Whateley wieder zu einer Art Kontinuität zusammenzufügen, so dass er stöhnend die Hände an den Kopf legte.

155.2 Memory seemed to pick itself up where it had left off, and the horror of the sight that had prostrated him burst in upon him again.

Die Erinnerung schien dort weiterzumachen, wo sie aufgehört hatte, und das Entsetzen über den Anblick, der ihn niedergeschlagen hatte, brach wieder über ihn herein.

156.1 "Oh, oh, my Gawd, that haff face ...

"Oh, oh, mein Gott, dieses Haff-Gesicht ...

156.2 that haff face on top of it ...

dieses Haff-Gesicht oben drauf ...

that face with the red eyes an' crinkly albino hair, 156.3
an' no chin, like the Whateleys ...It was a octopus,
centipede, spider kind o' thing, but they was a
haff-shaped man's face on top of it, an' it looked
like Wizard Whateley's, only it was yards an' yards
acrost ..."

dieses Gesicht mit den roten Augen und dem krausen
Albino-Haar, und ohne Kinn, wie die Whateleys ...Es war
eine Art Krake, Tausendfüßler, Spinne, aber oben drauf
war ein haffförmiges Männergesicht, und es sah aus wie das
von Zauberer Whateley, nur dass es meterlang akrost ..."

He paused exhausted, as the whole group of natives 157.1
stared in a bewilderment not quite crystallized into
fresh terror.

Er hielt erschöpft inne, während die ganze Gruppe der
Eingeborenen in einer Verwirrung starrte, die sich noch
nicht ganz zu einem neuen Schrecken verdichtet hatte.

Only old Zebulon Whateley, who wanderingly 157.2
remembered ancient things but who had been silent
heretofore, spoke aloud.

Nur der alte Zebulon Whateley, der sich umherschweifend
an alte Dinge erinnerte, aber bis dahin geschwiegen hatte,
sprach laut.

"Fifteen year' gone," he rambled, "I heerd Ol' 158.1
Whateley say as haow some day we'd hear a child
o' Lavinny's a-callin' its father's name on the top o'
Sentinel Hill ..."

"Vor fünfzehn Jahren", murmelte er, "hörte ich den alten
Whateley sagen, dass wir eines Tages hören würden, wie
ein Kind von Lavinny auf dem Gipfel des Sentinel Hill den
Namen seines Vaters ruft: ..."

159.1 But Joe Osborn interrupted him to question the Arkham men anew.
Doch Joe Osborn unterbrach ihn, um die Arkham-Männer erneut zu befragen.

160.1 "What was it, anyhaow, an' haowever did young Wizard Whateley call it aout o' the air it come from?"
"Was war es denn, und wie nannte es der junge Zauberer Whateley, aus der Luft, aus der es kam?"

161.1 Armitage chose his words carefully.
Armitage wählte seine Worte sorgfältig.

162.1 "It was -
"Es war -

162.2 well, it was mostly a kind of force that doesn't belong in our part of space;
nun, es war hauptsächlich eine Art von Kraft, die nicht in unseren Teil des Raums gehört;

162.3 a kind of force that acts and grows and shapes itself by other laws than those of our sort of Nature.
eine Art von Kraft, die nach anderen Gesetzen als denen unserer Art von Natur handelt und wächst und sich selbst formt.

162.4 We have no business calling in such things from outside, and only very wicked people and very wicked cults ever try to.
Wir haben nicht das Recht, solche Dinge von außen herbeizurufen, und nur sehr böse Menschen und sehr böse Kulte versuchen das jemals.

162.5 There was some of it in Wilbur Whateley himself -
In Wilbur Whateley selbst war etwas davon -

enough to make a devil and a precocious monster of him, 162.6

genug,

and to make his passing out a pretty terrible sight. 162.7

um einen Teufel und ein frühreifes Monster aus ihm zu machen und sein Ableben zu einem ziemlich schrecklichen Anblick werden zu lassen.

I'm going to burn his accursed diary, and if you men are wise you'll dynamite that altar-stone up there, and pull down all the rings of standing stones on the other hills. 162.8

Ich werde sein verfluchtes Tagebuch verbrennen, und wenn ihr klug seid, sprengt ihr den Altarstein dort oben in die Luft und reißt alle Ringe mit stehenden Steinen auf den anderen Hügeln ein.

Things like that brought down the beings those Whateleys were so fond of - 162.9

Solche Dinge brachten die Wesen zu Fall, auf die die Whateleys so scharf waren -

the beings they were going to let in tangibly to wipe out the human race and drag the earth off to some nameless place for some nameless purpose. 162.10

die Wesen, die sie hereinlassen wollten, um die menschliche Rasse auszulöschen und die Erde an einen namenlosen Ort für einen namenlosen Zweck zu verschleppen.

"But as to this thing we've just sent back - 163.1

"Aber was dieses Ding angeht, das wir gerade zurückgeschickt haben -

163.2 the Whateleys raised it for a terrible part in the doings that were to come.

die Whateleys haben es für eine schreckliche Rolle in den kommenden Taten aufgezogen.

163.3 It grew fast and big from the same reason that Wilbur grew fast and big -

Es wuchs schnell und groß, aus demselben Grund, aus dem Wilbur schnell und groß wuchs -

163.4 but it beat him because it had a greater share of the outsideness in it.

aber es schlug ihn, weil es einen größeren Anteil an Außergewöhnlichkeit in sich hatte.

163.5 You needn't ask how Wilbur called it out of the air.

Sie brauchen nicht zu fragen, wie Wilbur es aus der Luft gegriffen hat.

163.6 He didn't call it out. It was his twin brother,

Er hat es nicht gerufen. Es war sein Zwillingsbruder,

163.7 but it looked more like the father than he did."

aber er sah dem Vater ähnlicher als er selbst."

Möwenstein Books

www.mowenstein.com

Renowned Authors

H. G. Wells • Ernest Hemingway
H. P. Lovecraft • Lewis Carroll
Franz Kafka • Friedrich Nietzsche
Albert Einstein • Oscar Wilde
Hans Christian Andersen

Notable Works

Frankenstein • *Alice in Wonderland*
Heart of Darkness • *The Great Gatsby*
Siddhartha • *The Metamorphosis*
Thus Spoke Zarathustra

Translation Services

We offer translation services in various languages, including German, Spanish, Chinese, Korean, Arabic, and more. For custom translations or revisions, please contact us at:

Email: translation@mowenstein.com

Our Collections

Franz Kafka Collection

- *The Metamorphosis / Die Verwandlung*
- *The Trial / Der Prozess*
- *The Castle / Das Schloss*
- *and many more...*

Pakt mit dem Teufel

- *Faust Parts I & II* by Johann Wolfgang von Goethe
- *Doctor Faustus* by Christopher Marlowe

Portraits of Irishmen

- *The Picture of Dorian Gray* by Oscar Wilde
- *A Portrait of the Artist as a Young Man* by James Joyce

Children's Classics

- *Winnie-the-Pooh / Pu der Bär*
- *Brothers Grimm Fairy Tales*
- *Fairy Tales Told for Children*
    - Author: Hans Christian Andersen

Visit Us

At Möwenstein Books, we are committed to providing high-quality bilingual editions of classic works. Explore our collections and discover more titles across various genres and languages.

Website: www.mowenstein.com

www.ingramcontent.com/pod-product-compliance
Lightning Source LLC
Chambersburg PA
CBHW050855150626
46549CB00013B/2154